21 donne eccezionali

Le vite delle intrepidi donne che hanno combattuto per la libertà superando tutti i confini: Angela Davis, Marie Curie, Jane Goodall e altre (libro biografico per ragazzi e adulti)

Da Student Press Books

Tabella dei contenuti

Introduzione

Incontra le donne straordinarie della storia e dei tempi moderni - biografie per ragazzi/e dai 12 anni in su.

Benvenuti nella serie dedicata all'Empowerment femminile. Questo volume ti parlerà delle impavide icone femminili in tempi antichi e moderni. Con le storie di 21 donne eccezionali, questo libro presenta le ispiranti biografie delle pioniere da tutto il mondo.

Da Marie Curie a Malala Yousafzai, questo libro raccoglie le storie delle donne più influenti e ispiratrici del mondo, ognuna con il proprio percorso. Un'ottima lettura per chiunque sia interessato alla storia o voglia trovare la forza di autodeterminarsi!

Alzi la mano quando ti viene chiesto se ti piacciono le storie sorprendenti delle donne che hanno scosso il mondo e hanno fatto cose che ti faranno esultare? Parliamo di quelle storie che hanno un messaggio potente per ragazzi e ragazze, uomini e donne.

Alcune di queste donne straordinarie hanno parlato contro l'ingiustizia e hanno lavorato diligentemente per l'uguaglianza di genere in tutte le sue forme. Altre sono morte prima che iniziassero, o fossero vinte, le lotte per il suffragio universale, ma molte di loro sono vissute abbastanza a lungo per assistere al cambiamento della legislazione, anche se da lontano e per il beneficio delle generazioni successive. Scopri e lasciati ispirare da queste storie di difficoltà e vittoria, vissute da donne che hanno sfidato la società, il patriarcato, la povertà o la schiavitù.

Questo libro della serie Empowerment femminile comprende:

- Biografie affascinanti - Lasciati ispirare dalle storie di icone famose e influenti come Nellie Bly, Sacagawea e Jane Goodall, così come da quelle delle pioniere meno conosciute come Ruby Bridges e Jane Austen.
- Ritratti vivaci - Fai rivivere queste donne eccezionali nella tua immaginazione con l'aiuto di foto e illustrazioni avvincenti.

Sulla serie: La **serie dedicata all'Empowerment femminile** di Student Press Books presenta nuove prospettive sull'argomento che ispireranno i/le giovani lettori/lettrici a considerare il loro posto in una società sempre più diversificata. Chi sarà la tua prossima fonte di ispirazione?

21 Donne Eccezionali si spinge ben oltre gli altri libri biografici sull'Empowerment femminile per evidenziare temi e personaggi da tutto il mondo e di diverse epoche. È anche un ottimo regalo per figlie, sorelle o nipoti.

Il tuo regalo

Hai un libro nelle tue mani.

Non è un libro qualsiasi, è un libro della Student Press Books! Scriviamo di eroi neri, donne che danno potere, mitologia, filosofia, storia e altri argomenti interessanti!

Dato che hai comprato un libro, vogliamo che tu ne abbia un altro gratis.

Tutto ciò di cui hai bisogno è un indirizzo e-mail e la possibilità di iscriverti alla nostra newsletter (il che significa che puoi cancellarti in qualsiasi momento).

Allora, cosa stai aspettando? Iscriviti oggi e richiedi il tuo libro gratis all'istante! Tutto quello che devi fare è visitare il link qui sotto e inserire il tuo indirizzo e-mail. Ti verrà inviato il link per scaricare subito la versione PDF del libro in modo da poterlo leggere offline in qualsiasi momento.

E non preoccupatevi - non ci sono fregature o costi nascosti; solo un buon vecchio omaggio da parte nostra qui a Student Press Books.

Visita subito questo link e iscriviti per ricevere la tua copia gratuita di uno dei nostri libri!

Link: https://campsite.bio/studentpressbooks

Malala Yousafzai (nata nel 1997)

Sostenitore dell'istruzione pakistano

"Un bambino, un insegnante, un libro, una penna possono cambiare il mondo".

Mentre era adolescente, l'attivista pakistana Malala Yousafzai ha parlato pubblicamente contro il divieto dei talebani sull'istruzione delle ragazze. Ha guadagnato l'attenzione globale quando è sopravvissuta a un tentativo di assassinio all'età di 15 anni. Nel 2014 Yousafzai ha ricevuto il premio Nobel per la pace per i suoi sforzi a favore dei diritti dei bambini.

Malala Yousafzai è nata il 12 luglio 1997 a Mingora, nella valle dello Swat, in Pakistan. Figlia di un attivista sociale ed educatore, Yousafzai era una studentessa eccellente. Suo padre ha fondato e amministrato la scuola che ha frequentato e l'ha incoraggiata a seguire la sua strada.

Nel 2007 la valle dello Swat, un tempo meta di vacanze, fu invasa dai talebani. Guidati da Maulana Fazlullah, i talebani pakistani iniziarono a imporre una rigida legge islamica. Hanno anche distrutto o chiuso le scuole femminili, vietato alle donne qualsiasi ruolo attivo nella società e compiuto attentati suicidi. Yousafzai e la sua famiglia fuggirono dalla regione per la loro sicurezza, ma tornarono quando le tensioni e la violenza si attenuarono.

Il 1° settembre 2008, quando Malala Yousafzai aveva 11 anni, suo padre la portò in un circolo della stampa locale a Peshawar, Pakistan, per protestare contro la chiusura delle scuole. Lì ha tenuto il suo primo discorso - Come osano i talebani togliermi il mio diritto fondamentale all'istruzione? Fu pubblicizzato in tutto il Pakistan.

Verso la fine del 2008, i talebani hanno annunciato che tutte le scuole femminili nello Swat sarebbero state chiuse il 15 gennaio 2009. La British Broadcasting Corporation (BBC) ha contattato il padre di Yousafzai in cerca di qualcuno che potesse scrivere un blog su cosa significasse vivere sotto il dominio talebano. Con il nome di Gul Makai, Yousafzai ha iniziato a scrivere regolarmente per la BBC Urdu voci sulla sua vita quotidiana. Da gennaio all'inizio di marzo di quell'anno, ha scritto 35 voci che sono state anche tradotte in inglese. Nel frattempo, i Talebani hanno chiuso tutte le scuole femminili nello Swat e ne hanno fatte esplodere più di 100.

Nel febbraio 2009 Malala Yousafzai ha fatto la sua prima apparizione televisiva. Yousafzai è stata intervistata dal giornalista e conduttore di talk show pakistano Hamid Mir nel programma di attualità pakistano Capital Talk. Alla fine di febbraio i talebani, rispondendo a un crescente contraccolpo in tutto il Pakistan, hanno accettato un cessate il fuoco. Hanno eliminato le restrizioni contro le ragazze e hanno permesso loro di frequentare la scuola a condizione che indossassero il burka (un indumento che copre il corpo dalla testa ai piedi e vela il viso). Tuttavia, la violenza è ricomparsa solo pochi mesi dopo.

La famiglia Yousafzai è stata costretta a cercare rifugio fuori da Swat fino a quando l'esercito pakistano è stato in grado di spingere i talebani fuori. All'inizio del 2009 il reporter del New York Times Adam Ellick ha lavorato con Yousafzai per fare un documentario, Class Dismissed. Era un pezzo di 13 minuti sulla chiusura della scuola. Ellick ha fatto un secondo film con lei, intitolato A Schoolgirl's Odyssey. Il New York Times ha pubblicato entrambi i film sul suo sito web nel 2009. Quell'estate Yousafzai ha incontrato l'inviato speciale degli Stati Uniti in Afghanistan e Pakistan Richard Holbrooke. Gli ha chiesto di aiutarla nel suo sforzo di proteggere l'istruzione delle ragazze in Pakistan.

Con le continue apparizioni televisive di Yousafzai e la copertura nei media locali e internazionali, nel dicembre 2009 era diventato evidente che lei era la giovane blogger della BBC. Una volta che la sua identità era nota, ha iniziato a ricevere un ampio riconoscimento per il suo attivismo. Nell'ottobre 2011 è stata nominata dall'attivista per i diritti umani Desmond Tutu per il premio internazionale per la pace dei bambini. Nel dicembre dello stesso anno le è stato assegnato il primo premio nazionale per la pace della gioventù del Pakistan (in seguito ribattezzato il premio nazionale per la pace Malala).

Il 9 ottobre 2012, Malala Yousafzai è stata colpita alla testa da un talebano mentre tornava a casa da scuola. Fazlullah e i talebani pakistani si sono assunti la responsabilità dell'attentato alla sua vita. È sopravvissuta all'attacco ed è stata portata in aereo da Peshawar a Birmingham, in Inghilterra, per essere operata. L'incidente ha suscitato proteste e la sua causa è stata ripresa in tutto il mondo. L'inviato speciale delle Nazioni Unite (ONU) per l'educazione globale, Gordon Brown, ha presentato una petizione che chiedeva che tutti i bambini del mondo tornassero a scuola entro il 2015. Quella petizione ha portato alla ratifica della prima legge pakistana sul diritto all'istruzione.

Nel dicembre 2012 il presidente pakistano Asif Ali Zardari ha annunciato il lancio di un fondo per l'istruzione di 10 milioni di dollari in onore di Yousafzai. Più o meno nello stesso periodo, il Malala Fund è stato istituito dalla Vital Voices Global Partnership per sostenere l'istruzione per tutte le ragazze del mondo.

Nel frattempo, Malala Yousafzai ha continuato a riprendersi dalle sue ferite d'arma da fuoco. È rimasta con la sua famiglia a Birmingham, dove alla fine è tornata ai suoi studi e all'attivismo. La sua prima apparizione pubblica dopo essere stata colpita è stata il 12 luglio 2013, il suo 16° compleanno.

Yousafzai si è rivolta a un pubblico di 500 persone all'ONU a New York. Tra i suoi numerosi riconoscimenti, nel 2013 Yousafzai ha vinto il Premio delle Nazioni Unite per i diritti umani, assegnato ogni cinque anni. Lo stesso anno è stata nominata una delle persone più influenti della rivista Time ed è apparsa su una delle sette copertine stampate per quel numero.

Nel 2013 Yousafzai è diventata la più giovane candidata al premio Nobel per la pace. Anche se non lo ricevette allora, il comitato glielo assegnò nel 2014. È diventata così la persona più giovane a vincere il premio. Sempre nel 2014 Yousafzai è diventata la persona più giovane a vincere la Medaglia della Libertà. Il National Constitution Center di Filadelfia, in Pennsylvania, la assegna ai personaggi pubblici che lottano per la libertà delle persone in tutto il mondo.

In evidenza

- Malala Yousafzai ha guadagnato l'attenzione globale quando è sopravvissuta a un tentativo di assassinio all'età di 15 anni.
- Nell'ottobre 2011 è stata nominata dall'attivista per i diritti umani Desmond Tutu per il premio internazionale per la pace dei bambini.
- Nel 2014 Yousafzai e Kailash Satyarthi hanno ricevuto congiuntamente il premio Nobel per la pace in riconoscimento dei loro sforzi a favore dei diritti dei bambini.
- Nel luglio 2015, con il sostegno del Malala Fund, ha aperto una scuola femminile in Libano per i rifugiati della guerra civile siriana.
- Ha discusso il suo lavoro con i rifugiati e il suo stesso spostamento in We Are Displaced (2019).

Domande di ricerca

---

1. Se potesse scambiare posto con qualcuno per un giorno, chi sarebbe e perché?
2. Qual è la tua citazione ispiratrice preferita e perché ti piace così tanto?

3. Quali persone o figure nei media pensi che siano davvero d'ispirazione per le giovani donne di oggi?

Angela Davis (nata nel 1944)

Attivista politico e autore afroamericano

"In una società razzista, non basta essere non razzisti, bisogna essere antirazzisti".

L'attivista nera americana Angela Davis teneva discorsi e partecipava alla raccolta di fondi per cause rivoluzionarie. Si guadagnò una reputazione internazionale durante la sua incarcerazione e il processo con l'accusa di cospirazione nel 1970-1972. In vari momenti Davis fu membro del Black Panther Party (un partito rivoluzionario afroamericano), dello Student Nonviolent Coordinating Committee (un gruppo studentesco che si opponeva al razzismo e alla guerra del Vietnam), e del Che-Lumumba Club (una fazione giovanile afroamericana del Partito Comunista).

Angela Yvonne Davis è nata il 26 gennaio 1944 a Birmingham, Alabama. Dal 1961 al 1967 ha frequentato l'università in patria e all'estero. Come dottoranda all'Università della California a San Diego, Davis ha studiato sotto il professore marxista Herbert Marcuse. Alla fine divenne istruttrice di filosofia al campus universitario di Los Angeles. Tuttavia, a causa delle sue opinioni politiche, il suo contratto non fu rinnovato nel 1970.

Nel 1991 Angela Davis è diventata docente nel campo della storia della coscienza all'Università della California a Santa Cruz. Nel 1995, tra molte polemiche, la Davis fu nominata cattedra presidenziale. Angela Davis è diventata professore emerito nel 2008.

Negli anni '60 e '70 Davis sostenne la causa dei prigionieri neri. Si affezionò particolarmente a un giovane rivoluzionario, George Jackson. Durante il suo processo nell'agosto del 1970, ci fu un tentativo di fuga e di rapimento dal Palazzo di Giustizia nella contea di Marin, in California. Il fratello di Jackson e altre tre persone, incluso il giudice del processo, furono uccisi.

I funzionari sospettarono che Angela Davis fosse coinvolta, e lei fu ricercata per l'arresto e divenne uno dei criminali più ricercati dal Federal Bureau of Investigation. Arrestata a New York, New York, in ottobre, fu riportata in California per affrontare le accuse di rapimento, omicidio e cospirazione; Angela Davis fu assolta da tutte le accuse da una giuria di soli bianchi.

In evidenza

- Angela Davis, per esteso Angela Yvonne Davis, (nata il 26 gennaio 1944 a Birmingham, Ala, Stati Uniti), attivista militante nera americana che si è guadagnata una reputazione internazionale durante la sua incarcerazione e il processo con l'accusa di cospirazione nel 1970-1972.
- A causa delle sue opinioni politiche e nonostante un eccellente record come istruttore presso il campus universitario di Los Angeles, il Consiglio dei Reggenti della California nel 1970 ha rifiutato di rinnovare la sua nomina come docente di filosofia.
- Nel 1991, tuttavia, Davis divenne professore nel campo della storia della coscienza all'Università della California, Santa Cruz.
- Nel 1974 ha pubblicato Angela Davis: An Autobiography (ristampa 1988).

Domande di ricerca

1. Se potesse parlare con una donna famosa della storia, chi sarebbe e che consiglio le darebbe?
2. Quale donna famosa è stata la tua più forte influenza femminile nella vita? Perché hai scelto quella persona?
3. Pensi che le donne leader potenti nascano o siano fatte? Quali qualità credi che distinguano questo tipo di persone da altre nello stesso campo?

Mae Jemison (nata nel 1956)

Medico americano e astronauta della NASA

"Non limitarti mai a causa dell'immaginazione limitata degli altri; non limitare mai gli altri a causa della tua immaginazione limitata".

Formatasi come medico e ingegnere, Mae Jemison è stata la prima donna afroamericana a diventare astronauta. Nel 1992 ha trascorso otto giorni in orbita intorno alla Terra come specialista di missioni scientifiche a bordo dello space shuttle Endeavour.

Mae Carol Jemison è nata il 17 ottobre 1956 a Decatur, Alabama, la più giovane di tre figli. Suo padre era un addetto alla manutenzione e sua madre un'insegnante. Quando Jemison aveva tre anni, la famiglia si trasferì a Chicago, Illinois.

I Jemison incoraggiarono gli interessi ad ampio raggio della loro figlia più giovane, che includevano l'antropologia, l'archeologia, l'evoluzione e l'astronomia, oltre alla danza. Mae Jemison si è diplomata all'età di 16 anni ed è entrata alla Stanford University in California, dove nel 1977 si è laureata in ingegneria chimica e studi afroamericani.

Più tardi nello stesso anno Mae Jemison iniziò a studiare medicina alla Cornell University di New York. Era particolarmente interessata alla medicina internazionale e si offrì di lavorare per un'estate in un campo profughi cambogiano in Thailandia. Nel 1979 ha studiato in Kenya. Dopo essersi laureata in medicina nel 1981, Jemison lavorò brevemente come medico generico a Los Angeles, in California, prima di entrare nei Corpi di Pace degli Stati Uniti.

Dal 1983 al 1985 Mae Jemison ha servito come ufficiale medico dei Corpi di Pace nei paesi africani di Sierra Leone e Liberia, fornendo assistenza medica ai Corpi di Pace e al personale delle ambasciate statunitensi. Mentre era in Africa, ha anche condotto ricerche per i National Institutes of Health e i Centers for Disease Control.

Quando Mae Jemison tornò negli Stati Uniti nel 1985, riprese a lavorare come medico generico. Jemison studiò anche ingegneria per preparare la sua candidatura al programma di addestramento per astronauti della National Aeronautics and Space Administration (NASA). Nell'ottobre 1986 apprese che, su 2.000 candidati, era una dei 15 selezionati per il programma di addestramento degli astronauti.

Dopo aver completato il suo addestramento come specialista di missioni spaziali nel 1988, Jemison ha iniziato a lavorare come membro del team di supporto per le missioni dello shuttle al Kennedy Space Center di Cape Canaveral, in Florida. Nel settembre 1992 Jemison ha servito come specialista di missione sullo space shuttle Endeavour per la missione STS-47 Spacelab J.

Mae Jemison ha condotto esperimenti sugli effetti dell'assenza di peso sulla biologia umana e animale. All'epoca del suo volo, era l'unica astronauta donna afroamericana.

Jemison ha lasciato la NASA nel marzo 1993 per avviare la propria azienda, il Jemison Group. L'azienda sviluppa tecnologie avanzate nei settori dell'assistenza sanitaria, della produzione alimentare e della protezione ambientale che sono specificamente mirate all'uso nei paesi in via di sviluppo. BioSentient Corporation, un'azienda che Jemison ha fondato nel 1999, sviluppa attrezzature per il monitoraggio della salute che i pazienti possono indossare sul loro corpo.

Dal 1995 al 2002 Mae Jemison ha insegnato studi ambientali al Dartmouth College. È la destinataria di numerosi premi e lauree honoris causa. Il suo libro, Find Where the Wind Goes: Moments from My Life (2001), fornisce un resoconto autobiografico della sua infanzia e gioventù.

In evidenza

- Mae Jemison, in pieno Mae Carol Jemison, (nato il 17 ottobre 1956, Decatur, Alabama, Stati Uniti), medico americano e la prima donna afroamericana a diventare un astronauta.
- Nel 1977 Jemison è entrata alla scuola di medicina alla Cornell University di Ithaca, New York, dove ha perseguito un interesse per la medicina internazionale.
- Si è laureata in medicina nel 1981 e, dopo un breve periodo come medico generico con un gruppo medico di Los Angeles, è diventata un ufficiale medico con i Corpi di Pace in Africa occidentale.
- Nel 1992 ha trascorso più di una settimana in orbita intorno alla Terra nello space shuttle Endeavour. All'epoca era l'unica donna afroamericana astronauta.

Domande di ricerca

---

1. Chi è il tuo eroe femminile personale che ti ispira e ti motiva quotidianamente ad essere impavido, coraggioso, potente e forte?
2. Dove pensate che saremmo ora, se non fosse stato per queste donne senza paura?
3. Quante battaglie hanno perso queste donne prima di vincere la guerra contro il patriarcato?

Anne Carroll Moore (1871-1961)

Educatore americano, scrittore e sostenitore delle biblioteche per bambini

In riconoscimento del suo lavoro pionieristico in biblioteca con i bambini e dei suoi molti sforzi per migliorare e promuovere la letteratura per bambini, Anne Carroll Moore ricevette la Medaglia Regina dalla Catholic Library Association nel 1960. Come primo supervisore del lavoro con i bambini per la New York Public Library, la Moore ha contribuito a promuovere le biblioteche pubbliche come luoghi a misura di bambino.

Anne Carroll Moore nacque il 12 luglio 1871 a Limerick, Me. Dopo essersi diplomata alla Bradford Academy nel 1891, intendeva studiare legge sotto la guida del padre, ma un'epidemia di influenza uccise entrambi i genitori nel 1892.

Anne Carroll Moore passò gli anni successivi ad adempiere alle responsabilità familiari, ma alla fine studiò scienze bibliotecarie al Pratt Institute di Brooklyn, N.Y. Dopo la sua laurea nel 1896, Moore divenne bibliotecaria per bambini alla Pratt Institute Free Library, la prima biblioteca costruita con una stanza speciale progettata per il lavoro dei bambini.

Moore lasciò Pratt nel 1906 per lavorare alla New York Public Library. Creò sale di lettura colorate e invitanti dove i bambini potevano esplorare libri scelti con cura su una varietà di argomenti e riunirsi per le ore di storia regolarmente programmate.

Anne Carroll Moore visitò ogni filiale del sistema bibliotecario di New York per istruire il personale sul lavoro con i bambini e per valutare le collezioni per bambini per dimensioni e qualità. Visitatori da tutto il mondo vennero ad osservare la biblioteca e tornarono alle loro comunità desiderosi di istituire modelli simili. Quando si ritirò dalla carica nel 1941, Moore scelse Frances Clarke Sayers come suo successore. Sayers più tardi scrisse del suo famoso mentore in Anne Carroll Moore: A Biography (1972).

Anne Carroll Moore divenne una delle prime recensitrici di libri per ragazzi quando nel 1918 le fu chiesto di contribuire alla critica della rivista mensile The Bookman. In seguito curò una pagina settimanale sui libri per bambini per il New York Herald Tribune e contribuì a The Atlantic Monthly e The Horn Book Magazine. Le sue serie di libri "Roads to Childhood" e "Three Owls" contenevano anche critiche alla letteratura per bambini.

Autrice di talento, la Moore fu candidata alla Newbery Medal del 1925 per Nicholas: A Manhattan Christmas Story (1924), un libro per bambini ispirato da un bambino olandese di legno intagliato a mano che le fu regalato. Un seguito, Nicholas and the Golden Goose, fu pubblicato nel 1932.

Moore ha anche curato la Knickerbocker's History of New York di Washington Irving (1928) e The Bold Dragoon and Other Ghostly Tales (1930); ha scritto un apprezzamento per The Art of Beatrix Potter (1955) e ha creato liste di lettura per varie edizioni della Pictured Encyclopedia di Compton.

Anne Carroll Moore ha ricevuto una serie di premi per i suoi successi, tra cui i dottorati onorari da Pratt e dall'Università del Maine. La Women's National Book Association l'ha nominata prima destinataria della Constance Lindsay Skinner Memorial Medal. Moore morì il 20 gennaio 1961 a New York City.

Domande di ricerca

1. Chi è la tua donna ispiratrice, straordinaria o impavida preferita?
2. Quali parole di saggezza diresti alle giovani donne per incoraggiarle a correre dei rischi?
3. Per chi ha molto rispetto tra la popolazione femminile?

Rosa L. Parks (1913-2005)

Attivista dei diritti civili afroamericano

"Non bisogna mai avere paura di quello che si fa quando è giusto".

Rifiutando di cedere il suo posto sull'autobus a un uomo bianco nel Sud segregato, Rosa Parks ha scatenato il movimento per i diritti civili degli Stati Uniti. La sua azione ha portato al boicottaggio degli autobus di Montgomery, Alabama, nel 1955-56, ed è diventata un simbolo del potere della protesta non violenta.

Rosa Louise McCauley è nata il 4 febbraio 1913 a Tuskegee, in Alabama. Frequentò brevemente l'Alabama State Teachers College (ora Alabama State University) e nel 1932 sposò Raymond Parks, un barbiere. Parks lavorò come sarta e divenne attiva nella National Association for the Advancement of Colored People (NAACP), servendo come segretario del capitolo di Montgomery dal 1943 al 1956.

Tornando a casa dal lavoro un giorno del 1955, a Rosa Parks fu detto da un autista di autobus di cedere il suo posto a un bianco. Quando si rifiutò, fu arrestata e multata, un'azione che motivò i leader neri locali ad agire.

L'emergente leader dei diritti civili Martin Luther King, Jr. guidò un boicottaggio della compagnia di autobus che durò più di un anno. Nel 1956 la Corte Suprema degli Stati Uniti confermò la decisione di un tribunale inferiore che dichiarava incostituzionali i posti a sedere segregati negli autobus di Montgomery.

Rosa Parks si trasferì a Detroit, Michigan, nel 1957. Ha lavorato nell'ufficio del deputato del Michigan John Conyers, Jr. dal 1965 fino al suo ritiro nel 1988. Rimase attiva nel NAACP e in altri gruppi per i diritti civili. Il Southern Christian Leadership Council ha istituito il Rosa Parks Freedom Award in suo onore, e nel 1979 il NAACP le ha assegnato la sua Spingarn Medal.

Nel 1987 Rosa Parks ha cofondato un istituto per aiutare ad educare i giovani e insegnare loro le capacità di leadership. La sua autobiografia, Rosa Parks: My Story, è apparsa nel 1992. La Parks ha ricevuto due delle più prestigiose onorificenze civili del governo degli Stati Uniti - la Medaglia Presidenziale della Libertà (1996) e la Medaglia d'Oro del Congresso (1999) - per il suo contributo al movimento dei diritti civili. Parks è morta il 24 ottobre 2005 a Detroit.

In evidenza

- Quando aveva due anni, poco dopo la nascita di suo fratello minore, Sylvester, i suoi genitori scelsero di separarsi. Estranei al padre da allora in poi, i bambini si trasferirono con la madre a vivere nella fattoria dei nonni materni a Pine Level, Alabama, fuori Montgomery.
- Nel 1932, all'età di 19 anni, Rosa sposò Raymond Parks, un barbiere e attivista per i diritti civili, che la incoraggiò a tornare alle scuole superiori e a conseguire un diploma.
- Nel 1987 ha cofondato il Rosa and Raymond Parks Institute for Self-Development per fornire formazione professionale ai giovani e offrire agli adolescenti l'opportunità di conoscere la storia del movimento dei diritti civili.

Domande di ricerca

1. Conosci molte donne che sono senza paura o che sono un'ispirazione?
2. Chi sono le tue donne preferite nella storia?
3. Chi è una donna che conosci che ti ispira e perché?

Nellie Bly (1867-1922)

Giornalista, industriale, inventore e benefattore americano

"L'energia applicata e diretta in modo giusto può realizzare qualsiasi cosa".

Un giorno del 1885 una ragazza di 18 anni entrò negli uffici del Pittsburgh Dispatch e si presentò come Elizabeth Cochrane. Disse di aver scritto una lettera, che il Dispatch aveva pubblicato, su ruoli di vita più attivi per le donne. Sulla base della lettera chiese un lavoro.

Miss Cochrane fu assunta e prese come pseudonimo Nellie Bly, dall'omonima canzone del compositore americano Stephen Foster. Bly sarebbe diventata famosa per i suoi reportage sensazionali e orientati alla riforma.

Scrittrice di articoli, Nellie Bly preparò articoli su argomenti come il divorzio, la vita nei bassifondi e la vita in Messico. Scrisse un libro sui suoi viaggi in Messico. Impiegata dal New York World nel 1887, si finse pazza per essere ammessa in un manicomio di Blackwell's Island. La sua esposizione delle condizioni del luogo portò a dei miglioramenti nella cura dei pazienti.

Nel 1889 e 1890 Nellie Bly viaggiò intorno al mondo per battere il record di Phileas Fogg, eroe immaginario del romanzo di Jules Verne Il giro del mondo in ottanta giorni. Bly tornò a New York in un'accoglienza tumultuosa, avendo fatto il giro del mondo in 72 giorni, 6 ore, 11 minuti e 14 secondi.

Nellie Bly nacque Elizabeth Cochrane, o Cochran, il 5 maggio 1867, a Cochran's Mills, Pa. Abbandonò la sua carriera di scrittrice nel 1895 per sposare il milionario Robert Seaman. Dopo la sua morte nel 1904, gestì i suoi interessi commerciali fino alla bancarotta di Nellie Bly. Nel 1920 Bly tornò a lavorare come giornalista al New York Journal. Nellie Bly morì a New York City il 27 gennaio 1922.

In evidenza

- Nellie Bly, pseudonimo di Elizabeth Cochrane, iniziò la sua carriera nel 1885 nella sua nativa Pennsylvania come reporter per il Pittsburgh Dispatch, al quale aveva inviato una lettera arrabbiata al direttore in risposta a un articolo che il giornale aveva stampato intitolato "What Girls Are Good For" (non molto, secondo l'articolo).
- I suoi primi articoli, sulle condizioni delle ragazze lavoratrici a Pittsburgh, sulla vita nei bassifondi e su altri argomenti simili, la segnarono come reporter di ingegno e preoccupazione.
- Il libro di Nellie Bly: Around the World in Seventy-two Days (1890) fu un grande successo popolare, e il nome Nellie Bly divenne un sinonimo di reporter femminile.

Domande di ricerca

---

1. Qual è la prima volta che ricordi di aver pensato al sessismo e a come colpisce le donne che non conosciamo o che non abbiamo ancora incontrato?
2. In che modo queste donne ti danno il potere di essere senza paura e di credere in te stesso?
3. Hai mai avuto un momento in cui ti sei sentito come se qualcuno stesse cercando di scoraggiarti dal raggiungere qualcosa di grande? Come affrontate la cosa?

Marie Curie (1867-1934)

Prima donna a vincere un premio Nobel

"Niente nella vita è da temere, è solo da capire. Ora è il momento di capire di più, per poter temere di meno".

La fisica francese di origine polacca Marie Curie era famosa per il suo lavoro sulla radioattività ed è stata due volte vincitrice del Premio Nobel. Con Henri Becquerel e suo marito, Pierre Curie, ricevette il premio Nobel per la fisica nel 1903.

Marie Curie fu l'unica vincitrice del Premio Nobel per la Chimica del 1911. Marie fu la prima donna a vincere un premio Nobel, ed è l'unica donna a vincere il premio in due campi diversi.

Maria Salomea Sklodowska nacque il 7 novembre 1867 a Varsavia, in quello che allora era il Regno di Polonia, Impero Russo. Fin dall'infanzia si distinse per la sua memoria prodigiosa, e all'età di 16 anni vinse una medaglia d'oro al completamento della sua istruzione secondaria al liceo russo.

Poiché suo padre, insegnante di matematica e fisica, perse i suoi risparmi a causa di cattivi investimenti, Marie dovette accettare un lavoro come insegnante e allo stesso tempo partecipare clandestinamente all'"università libera" nazionalista, leggendo in polacco alle lavoratrici.

All'età di 18 anni Marie Curie prese un posto come governante, dove soffrì una storia d'amore infelice. Tuttavia, con i suoi guadagni fu in grado di finanziare gli studi di medicina di sua sorella Bronislawa a Parigi, in Francia, con l'intesa che Bronislawa l'avrebbe a sua volta aiutata a ricevere un'istruzione.

Nel 1891 Sklodowska andò a Parigi e - ora usando il nome Marie - iniziò a seguire le lezioni di Paul Appel, Gabriel Lippmann e Edmond Bouty all'università della Sorbona. Sklodowska lavorò fino a notte fonda e completò le lauree in fisica e matematica. Fu nella primavera del 1891 che incontrò Pierre Curie.

Il loro matrimonio (25 luglio 1895) segnò l'inizio di una collaborazione che avrebbe presto raggiunto risultati di portata mondiale, in particolare la scoperta del polonio (così chiamato da Marie in onore della sua terra natale) nell'estate del 1898 e quella del radio pochi mesi dopo.

Dopo la scoperta di Henri Becquerel (1896) di un nuovo fenomeno (che più tardi chiamò "radioattività"), Marie Curie, alla ricerca di un argomento per una tesi, decise di scoprire se la proprietà scoperta nell'uranio si trovasse anche in altre materie. Curie scoprì che questo era vero per il torio nello stesso momento in cui lo fece Gerhard Carl Schmidt.

Rivolgendo la sua attenzione ai minerali, trovò il suo interesse attratto dalla pechblenda. La pechblenda, un minerale la cui attività è superiore a quella dell'uranio puro, poteva essere spiegata solo dalla presenza nel minerale di piccole quantità di una sostanza sconosciuta di altissima attività. Pierre Curie si unì allora a Marie nel lavoro che aveva intrapreso per risolvere questo problema e che portò alla scoperta dei nuovi elementi, polonio e radio.

Mentre Pierre Curie si dedicò principalmente allo studio fisico delle nuove radiazioni, Marie Curie lottò per ottenere il radio puro allo stato metallico, ottenuto con l'aiuto del chimico André-Louis Debierne, uno degli allievi di Pierre Curie. Sui risultati di questa ricerca, Marie Curie ricevette il suo dottorato di scienza nel giugno 1903 e - con Pierre - ricevette la medaglia Davy della Royal Society. Sempre nel 1903 hanno condiviso con Becquerel il premio Nobel per la fisica per la scoperta della radioattività.

La nascita delle sue due figlie, Irène e Ève, nel 1897 e nel 1904 non interruppe l'intenso lavoro scientifico di Marie. Curie fu nominata docente di fisica (1900) all'École Normale Supérieure per ragazze a Sèvres, in Francia, e vi introdusse un metodo di insegnamento basato su dimostrazioni sperimentali. Fu nominata assistente capo del laboratorio, diretto da Pierre Curie, nel dicembre 1904.

La morte improvvisa di Pierre Curie (19 aprile 1906) fu un duro colpo per Marie Curie, ma fu anche una svolta decisiva nella sua carriera: d'ora in poi avrebbe dedicato tutte le sue energie a completare da sola il lavoro scientifico che avevano intrapreso.

Il 13 maggio 1906, Marie Curie fu nominata alla cattedra che era rimasta vacante alla morte del marito; fu la prima donna a insegnare alla Sorbona. Nel 1908 divenne professore titolare e nel 1910 fu pubblicato il suo fondamentale trattato sulla radioattività.

Nel 1911 ricevette il premio Nobel per la chimica, per l'isolamento del radio puro. Nel 1914 Marie Curie vide il completamento della costruzione dei laboratori dell'Istituto del Radio (Institut du Radium) all'Università di Parigi.

Durante la prima guerra mondiale, Marie Curie, con l'aiuto di sua figlia Irène, si dedicò allo sviluppo dell'uso della radiografia X. Nel 1918 l'Istituto del Radio, il cui personale era stato assunto da Irène, cominciò a funzionare sul serio, e sarebbe diventato un centro universale per la fisica e la chimica nucleare.

Marie Curie, ormai al punto più alto della sua fama e, dal 1922, membro dell'Accademia di Medicina, dedicò le sue ricerche allo studio della chimica delle sostanze radioattive e alle applicazioni mediche di queste sostanze.

Nel 1921, accompagnata dalle sue due figlie, Marie Curie fece un viaggio trionfale negli Stati Uniti, dove il presidente Warren G. Harding le consegnò un grammo di radio che era stato acquistato come risultato di una raccolta tra le donne americane.

Marie Curie tenne conferenze, specialmente in Belgio, Brasile, Spagna e Cecoslovacchia. Fu nominata membro della Commissione Internazionale di Cooperazione Intellettuale dal Consiglio della Società delle Nazioni. Inoltre, ebbe la soddisfazione di vedere lo sviluppo della Fondazione Curie a Parigi e in Polonia l'inaugurazione nel 1932 a Varsavia dell'Istituto del Radio, di cui sua sorella Bronislawa divenne direttore.

Uno dei risultati eccezionali di Marie Curie è stato quello di aver capito la necessità di accumulare fonti radioattive intense, non solo per curare le malattie, ma anche per mantenere una fornitura abbondante per la ricerca in fisica nucleare; la scorta risultante era uno strumento senza rivali fino alla comparsa dopo il 1930 degli acceleratori di particelle.

L'esistenza a Parigi, al Radium Institute, di uno stock di 1,5 grammi di radio in cui, nel corso di diversi anni, si erano accumulati radio D e polonio, contribuì in modo decisivo al successo degli esperimenti intrapresi negli anni intorno al 1930, in particolare di quelli condotti da Irène Curie insieme a Frédéric Joliot, che aveva sposato nel 1926. Questo lavoro preparò la strada alla scoperta del neutrone da parte di Sir James Chadwick e, soprattutto, alla scoperta nel 1934 da parte di Irène e Frédéric Joliot-Curie della radioattività artificiale.

Pochi mesi dopo questa scoperta, Curie morì a causa di una leucemia causata dall'azione delle radiazioni. Il suo contributo alla fisica era stato immenso, non solo nel suo lavoro, la cui importanza era stata dimostrata dall'assegnazione di due premi Nobel, ma per la sua influenza sulle generazioni successive di fisici e chimici nucleari.

Marie Curie morì il 4 luglio 1934, vicino a Sallanches, in Francia. Nel 1995 le sue ceneri vennero iscritte nel Panthéon di Parigi; fu la prima donna a ricevere questo onore per i suoi successi. Il suo ufficio e il suo laboratorio nel Padiglione Curie dell'Istituto del Radio sono conservati come Museo Curie.

In evidenza

- Marie Curie era una fisica francese di origine polacca, famosa per il suo lavoro sulla radioattività e due volte vincitrice del premio Nobel.
- Con Henri Becquerel e suo marito, Pierre Curie, ricevette il premio Nobel per la fisica nel 1903.
- Fu l'unica vincitrice del premio Nobel per la chimica del 1911.
- Marie Curie è stata la prima donna a vincere un premio Nobel, ed è l'unica donna a vincere il premio in due campi diversi.

Domande di ricerca

---

1. Qual è la sua definizione di una donna che ha fatto qualcosa con forza e individualità?
2. Ti sei mai imbattuto in qualche donna che ha cambiato il mondo in qualche modo, o sono solo i tuoi eroi locali?
3. Crede che le donne abbiano qualità diverse dagli uomini?

Sacagawea (1788?-1812?)

Interprete e guida dei nativi americani

"Incredibile le cose che si trovano quando ci si preoccupa di cercarle".

Un'adolescente di nome Sacagawea servì come interprete per la spedizione di Lewis e Clark negli Stati Uniti occidentali. Era un'indiana Lemhi Shoshone. Viaggiò per migliaia di miglia attraverso la natura selvaggia con gli esploratori, dalle Dakotas all'Oceano Pacifico e ritorno. Molti memoriali sono stati eretti in suo onore, in parte per la forza d'animo con cui affrontò le difficoltà del difficile viaggio.

Separare i fatti dalla leggenda nella vita di Sacagawea è difficile. Gli storici non sono d'accordo sulle date della sua nascita e della sua morte e persino sul suo nome. Una versione del suo nome, Sacagawea, significa "Donna Uccello" nella lingua Hidatsa. In alternativa, il suo nome è talvolta scritto Sacajawea o Sakakawea. Si pensa che sia nata nel 1788 circa, vicino al Continental Divide, in quello che oggi è il confine tra Idaho e Montana.

Nel 1800 circa, quando aveva circa 12 anni, un gruppo di indiani Hidatsa la catturò vicino alle sorgenti del fiume Missouri.

Gli Hidatsa fecero di Sacagawea una schiava e la portarono nei villaggi Mandan-Hidatsa vicino a quella che oggi è Bismarck, N.D. Nel 1804 circa divenne una delle mogli del commerciante di pellicce franco-canadese Toussaint Charbonneau. (Sacagawea potrebbe essere stata venduta a lui).

Gli esploratori Meriwether Lewis e William Clark arrivarono ai villaggi Mandan-Hidatsa e vi costruirono un forte in cui passare l'inverno. Assunsero Charbonneau come interprete per aiutarli a parlare con i vari popoli indiani che avrebbero incontrato nella loro spedizione. Tuttavia, egli non parlava lo shoshone. La spedizione avrebbe dovuto comunicare con gli Shoshone per acquisire i cavalli da utilizzare per attraversare le montagne. Per questo motivo, gli esploratori concordarono che anche Sacagawea, incinta, li avrebbe accompagnati. L'11 febbraio 1805 diede alla luce un figlio, Jean Baptiste.

Sacagawea portò con sé il suo bambino nella spedizione, che partì il 7 aprile sul fiume Missouri. Il 14 maggio Charbonneau ha quasi rovesciato la piroga in cui si trovava Sacagawea. Rimanendo calma, Sacagawea recuperò importanti documenti, strumenti, medicine e altri oggetti di valore che altrimenti sarebbero andati persi. Sacagawea si dimostrò anche una risorsa significativa in altri modi, come nella ricerca di piante commestibili e nella fabbricazione di mocassini e vestiti.

Sacagawea aiutò anche a placare i sospetti delle tribù indiane in avvicinamento con la sua presenza: una donna e un bambino che accompagnavano un gruppo di uomini indicavano intenzioni pacifiche.

A metà agosto la spedizione incontrò una banda di Shoshone. Il loro capo era il fratello di Sacagawea, Cameahwait. La riunione di Sacagawea e di suo fratello aiutò Lewis e Clark a ottenere i cavalli e la guida che permisero loro di attraversare le Montagne Rocciose.

Sacagawea non era la guida della spedizione, come alcuni l'hanno erroneamente ritratta. Tuttavia, ha riconosciuto i punti di riferimento nel Montana sud-occidentale. Informò anche Clark che il Passo Bozeman era il miglior percorso tra i fiumi Missouri e Yellowstone nel loro viaggio di ritorno. Sacagawea e la sua famiglia lasciarono la spedizione quando arrivarono ai villaggi Mandan-Hidatsa.

Si ritiene che Sacagawea sia morta poco dopo aver dato alla luce una figlia, Lisette, il 20 dicembre 1812, a Fort Manuel, vicino a quello che ora è Mobridge, S.D. Clark divenne il tutore legale dei suoi due figli.

Negli anni successivi alla sua morte, Sacagawea è diventata una leggenda, il soggetto di molti libri e film. Sacagawea è stata anche onorata con monumenti, statue, francobolli americani e una moneta da un dollaro americano. Le è stato dato il titolo di sergente onorario nell'esercito regolare degli Stati Uniti nel 2001.

In evidenza

- Sacagawea, scritto anche Sacajawea, si traduce in "donna uccello".
- Schiavizzata e portata nei loro villaggi di Knife River vicino all'odierna Bismarck, nel Nord Dakota, fu acquistata dal commerciante di pellicce franco-canadese Toussaint Charbonneau e divenne una delle sue mogli plurali nel 1804.
- Sacagawea non era la guida della spedizione, come alcuni l'hanno erroneamente ritratta; tuttavia, riconobbe dei punti di riferimento nel Montana sud-occidentale e informò Clark che il Passo Bozeman era il miglior percorso tra i fiumi Missouri e Yellowstone nel loro viaggio di ritorno.

Domande di ricerca

---

1. Cosa renderebbe il mondo un posto migliore se più persone fossero come queste donne senza paura?
2. Chi è la tua supereroina preferita? E cosa la rende così speciale?
3. Quali sono le migliori qualità delle donne in generale?

Ruby Bridges (nato nel 1954)

Attivista americano per i diritti civili

"Il razzismo è una malattia da adulti, e dovremmo smettere di usare i nostri figli per diffonderla".

Una folla velenosa di razzisti bianchi urlò contro Ruby Bridges, sei anni, mentre si avvicinava alla porta della William Frantz Elementary School di New Orleans, Louisiana, il 14 novembre 1960, il suo primo giorno di scuola. Come uno dei primi bambini ad integrare le scuole di New Orleans, Ruby era protetta da quattro sceriffi federali armati e da sua madre.

L'integrazione era finalmente arrivata a New Orleans come risultato di un ordine del tribunale federale, e i lividi cittadini bianchi si ribellarono trattando una giovane bambina afroamericana con un odio radicato nel pregiudizio. Ruby Bridges reagì con spirito e grazia, diventando un simbolo nazionale del movimento per i diritti civili. Bridges fu poi immortalata nel potente dipinto di Norman Rockwell intitolato The Problem We All Live With.

Nata in povertà l'8 settembre 1954 a Tylertown, Mississippi, Ruby Nell Bridges era la maggiore degli otto figli di Abon e Lucille Bridges. La spiritualità era parte integrante della sua educazione. Fin dall'inizio, i genitori di Ruby inculcarono in lei e nei suoi fratelli l'importanza della preghiera e della fede. Quando Ruby aveva quattro anni, la sua famiglia si trasferì a New Orleans per cercare opportunità migliori. Ruby fu scelta all'età di sei anni per iscriversi alla Frantz School. Suo padre inizialmente si oppose al fatto che frequentasse una scuola di soli bianchi, ritenendo che la scuola che frequentava fosse abbastanza buona. Sua madre lo convinse che dovevano permettere a Ruby di approfittare dell'opportunità di avere un'istruzione migliore della loro. A quel tempo, non erano consapevoli del significato della loro decisione o dell'effetto che avrebbe avuto sulla loro figlia.

Ruby trascorse l'intero primo giorno di scuola nell'ufficio del preside, osservando genitori infuriati marciare nella scuola per portare via i loro figli. Il secondo giorno di scuola di Ruby, Barbara Henry, una giovane insegnante assunta da Boston, iniziò ad insegnarle. Le due lavorarono insieme in una classe altrimenti vuota per un anno intero.

Ogni giorno, mentre gli sceriffi la scortavano a scuola, a pochi isolati da casa sua, esortavano Ruby a guardare avanti per evitare di vedere gli insulti razzisti scarabocchiati sui cartelli o le facce distorte che le sputavano addosso. All'inizio, Ruby attribuì il rumore e la folla al Mardi Gras. Fu solo molto più tardi che si rese conto di essere l'oggetto del rumore della folla.

Verso la fine dell'anno scolastico, la folla cominciò lentamente a diminuire e uno dopo l'altro i genitori riportarono i loro figli a scuola. Per l'anno scolastico successivo, la scuola era integrata e la frequenza tornò alla normalità.

La storia di Ruby è servita come base per una serie di libri scritti dallo psichiatra infantile di fama internazionale e autore vincitore del premio Pulitzer Robert Coles. Ha studiato gli effetti delle scuole segregate sui bambini e la reazione dei bambini a stress e crisi estreme. Si interessò a Ruby quando, bloccato in un ingorgo causato dalla folla di persone fuori dalla Frantz School, vide la giovane ragazza, affiancata da sceriffi federali, camminare coraggiosamente verso la scuola. Coles iniziò a consigliarla, aiutandola a trasformare i sentimenti sulle sue esperienze in parole e immagini.

Da adulta si sposò, diventando Ruby Bridges-Hall, e divenne madre di quattro ragazzi. Durante i suoi 40 anni, ha vissuto una crisi familiare. Nel 1993 suo fratello fu assassinato e lei divenne genitore delle sue quattro giovani figlie. Spinta da un senso di scopo, iniziò a lavorare come genitore di collegamento alla Frantz School, la sua vecchia scuola. Nel corso degli anni, la Frantz era diventata una scuola interamente afroamericana. Nel 1994 ha creato la Ruby Bridges Educational Foundation per assistere gli studenti bisognosi e migliorare le strutture scolastiche. Ha incoraggiato i genitori ad essere coinvolti nell'educazione dei loro figli. Nel 1995 la dottoressa Coles scrisse un libro per giovani studenti intitolato La storia di Ruby Bridges. Bridges girò il paese promuovendo il libro della Coles, e tutte le royalties andarono alla sua fondazione.

Nel 1996 Ruby Bridges partecipò alla staffetta della torcia olimpica, portando la torcia attraverso New Orleans. Nel 1998 la sua storia è stata raccontata in un film Disney fatto per la televisione, Ruby Bridges.

Il suo libro di memorie, Through My Eyes, è stato pubblicato nel 1999. Lo stesso anno ha fondato la Ruby Bridges Foundation, che ha utilizzato iniziative educative per promuovere la tolleranza e l'unità tra i bambini delle scuole.

In evidenza

- Ruby Bridges, per esteso Ruby Nell Bridges, era la maggiore di otto figli, nata in povertà nello stato del Mississippi.
- Dei sei studenti afroamericani designati per integrare la scuola, Bridges fu l'unico ad iscriversi.
- Il 14 novembre 1960, il suo primo giorno, fu scortata a scuola da quattro sceriffi federali.
- Bridges ha trascorso l'intera giornata nell'ufficio del preside mentre i genitori infuriati marciavano nella scuola per rimuovere i loro figli.

Domande di ricerca

---

1. Chi è la tua donna ispiratrice e di potere preferita?

2. A cosa (femminile) speri di assomigliare da grande?
3. C'è una certa donna che dà uno scopo alla sua vita ogni giorno?

Greta Thunberg (nata nel 2003)

Attivista svedese per il clima

"Ho imparato che non si è mai troppo piccoli per fare la differenza".

L'attivista svedese Greta Thunberg ha lavorato per affrontare il problema del riscaldamento globale. Ha fondato un movimento noto come Fridays for Future (chiamato anche School Strike for Climate). Thunberg ha iniziato il movimento nell'agosto 2018 quando ha saltato la scuola per sedersi fuori dal parlamento svedese con un cartello che diceva (in svedese) "Sciopero della scuola per il clima". Poco più di un anno dopo, nel settembre 2019, milioni di manifestanti hanno marciato in scioperi per il clima in più di 163 paesi.

Greta Tintin Eleonora Ernman Thunberg è nata il 3 gennaio 2003 a Stoccolma, in Svezia. Sua madre era una cantante d'opera e suo padre un attore. Alla Thunberg è stata diagnosticata la sindrome di Asperger, che ora è considerata un disturbo dello spettro autistico (ASD). È caratterizzata da anomalie nelle interazioni sociali (come nell'autismo classico) ma con normale intelligenza e sviluppo del linguaggio. Le persone con la sindrome di Asperger tendono a concentrarsi profondamente su un'idea o un interesse.

La causa di Greta Thunberg è diventata il cambiamento climatico. Thunberg è venuta a conoscenza del cambiamento climatico per la prima volta quando aveva circa otto anni. In pochi anni aveva cambiato le sue abitudini, diventando vegana e rifiutando di viaggiare in aereo. (Sia il bestiame che gli aerei emettono una grande quantità di gas che contribuiscono al riscaldamento globale).

Nelle settimane precedenti le elezioni svedesi del 2018, Thunberg si è seduta davanti al palazzo del parlamento con il suo cartello. Sperava di spronare i legislatori ad affrontare il problema del cambiamento climatico. Il primo giorno di sciopero era sola, ma ogni giorno che tornava, sempre più persone si univano a lei.

Dopo l'elezione Greta Thunberg tornò a scuola ma continuò a saltare le lezioni il venerdì per scioperare. Questi giorni furono chiamati Fridays for Future. La sua azione ha ispirato centinaia di migliaia di studenti in tutto il mondo a partecipare ai propri Venerdì per il Futuro. Gli studenti hanno fatto scioperi in molti paesi, tra cui Belgio, Canada, Stati Uniti, Regno Unito, Finlandia, Danimarca, Francia e Paesi Bassi.

Poco dopo che Greta Thunberg ha iniziato il suo sciopero, ha ricevuto inviti a parlare del cambiamento climatico. Ha parlato a vari eventi sul clima delle Nazioni Unite, al World Economic Forum di Davos, in Svizzera, e al Parlamento europeo.

Greta Thunberg ha anche parlato davanti alle legislature di Italia, Francia, Regno Unito e Stati Uniti. I suoi discorsi sono stati raccolti in un libro e pubblicati come No One Is Too Small to Make a Difference (2019). Nel 2019 la rivista Time ha nominato Thunberg uno dei suoi Next Generation Leaders e la sua Persona dell'anno.

In evidenza

- A Greta Thunberg, per esteso Greta Tintin Eleonora Ernman Thunberg, è stata diagnosticata la sindrome di Asperger, che ora è considerata un disturbo dello spettro autistico (ASD).

- Oltre al suo lavoro ambientale, Thunberg ha avuto il merito di aumentare la consapevolezza sull'Asperger e di ispirare coloro che avevano il disturbo.
- Pur riconoscendo che l'Asperger l'ha ostacolata in qualche modo, ha anche notato i suoi vantaggi, a un certo punto ha twittato: "Ho l'Asperger e questo significa che a volte sono un po' diverso dalla norma. E - date le giuste circostanze - essere diversi è un superpotere".
- No One Is Too Small to Make a Difference (2019) è una raccolta dei suoi discorsi.
- Il documentario I Am Greta è apparso nel 2020.

Domande di ricerca

---

1. Ha qualche esperienza personale di donne che ispirano le persone?
2. Descrivi la donna migliore che conosci e cosa fa che ispira gli altri?
3. Qual è la sua definizione di "donna senza paura"?

Gertrude Ederle (1905-2003)

Nuotatore americano

"La gente diceva che le donne non potevano nuotare nella Manica, ma io ho dimostrato che potevano farlo".

La nuotatrice americana Gertrude Ederle fu la prima donna ad attraversare a nuoto la Manica, impresa che compì il 6 agosto 1926. Ha completato la traversata in sole 14 ore e 31 minuti, battendo il record maschile di 1 ora e 59 minuti. Lo fece anche se il mare mosso la costrinse a nuotare per 35 miglia (56 chilometri) per coprire la distanza di 21 miglia (34 chilometri).

Gertrude Caroline Ederle è nata a New York City il 23 ottobre 1905. Iniziò a nuotare in modo competitivo in tenera età. Nel 1922 era abbastanza esperta da battere sette record in un pomeriggio in un incontro a Brighton Beach, New York.

Alle Olimpiadi del 1924 Gertrude Ederle vinse due medaglie di bronzo individuali e un oro come membro della squadra di staffetta a stile libero. Prima di diventare professionista nel 1925, Ederle aveva battuto un totale di 29 diversi record amatoriali nazionali e mondiali.

Nel 1925 Ederle fece il suo primo tentativo, senza successo, di nuotare nella Manica. Il suo sforzo di successo l'anno successivo la rese una celebrità da un giorno all'altro, ed Ederle girò per qualche tempo dando esibizioni di nuoto. Un infortunio alla spina dorsale nel 1933 le rese necessario indossare ingessature per quasi quattro anni.

Ederle si riprese, tuttavia, e nuotò di nuovo per il pubblico. Il record da lei stabilito per la traversata della Manica resistette fino al 1950, quando fu battuto da Florence Chadwick, un'altra nuotatrice americana. Ederle morì il 30 novembre 2003 a Wyckoff, New Jersey.

In evidenza

- Gertrude Ederle, per esteso Gertrude Caroline Ederle, fu la prima donna a nuotare (1925) la Manica e uno dei personaggi sportivi americani più noti degli anni venti.
- Era una delle principali esponenti del crawl a otto battute (otto calci per ogni bracciata completa) e tra il 1921 e il 1925 detenne 29 record nazionali e mondiali di nuoto amatoriale.
- Ai giochi olimpici di Parigi 1924 era un membro della squadra degli Stati Uniti che ha vinto una medaglia d'oro nella staffetta 4 × 100 metri stile libero.
- Nel 1925 Ederle fece un tentativo senza successo di nuotare la Manica, ma l'anno successivo tornò in Francia per tentare di nuovo.
- Ederle, il cui udito fu permanentemente compromesso durante il suo trionfo nella Manica, divenne in seguito un istruttore di nuoto per bambini sordi.
- Gertrude Ederle è stata inserita nella International Swimming Hall of Fame nel 1965 e nella Women's Sports Hall of Fame nel 1980.

Domande di ricerca

---

1. Ti hanno mai detto di stare attento e che il mondo era troppo pericoloso?
2. Qual è il tuo film preferito con donne impavide?

3. Cosa diresti se qualcuno ti descrivesse come impavido e grande contro ogni previsione?

Maya Lin (nata nel 1959)

Scultore e architetto americano

"Non avevo nessuno con cui giocare, così mi sono inventato un mondo tutto mio".

Maya Lin è una scultrice e architetto americana. È meglio conosciuta per aver progettato il Vietnam Veterans Memorial a Washington, D.C., mentre era ancora una studentessa universitaria. È stato dedicato nel 1982. Il suo Memoriale per i diritti civili è stato inaugurato a Montgomery, Alabama, nel 1989.

Maya Lin è nata il 5 ottobre 1959 ad Athens, Ohio. I suoi genitori erano cinesi. Avevano lasciato la Cina prima della presa del potere da parte dei comunisti nel 1949 e si erano stabiliti in Ohio. Lì sua madre insegnava letteratura e suo padre era il decano delle belle arti all'Università dell'Ohio.

Quando Maya era una studentessa dell'Università di Yale partecipò a un concorso per progettare un monumento ai veterani del Vietnam. Il suo progetto fu scelto tra 1.420 proposte. Consisteva in un muro di granito nero con incisi i nomi dei circa 58.000 americani morti nella guerra del Vietnam o dispersi in azione.

Questo piano minimale era in netto contrasto con il formato tradizionale di un memoriale, che di solito includeva una scultura eroica. Alcuni veterani hanno protestato, dicendo che il suo progetto non era appropriato. La controversia che ne seguì portò al posizionamento di una scultura realistica in bronzo vicino all'ingresso del sito, oltre al monumento di Lin.

Dopo aver ricevuto una laurea a Yale nel 1981, Lin ha proseguito gli studi in architettura. Maya Lin ha studiato prima ad Harvard e poi di nuovo a Yale. Lin ha conseguito un master e un dottorato a Yale rispettivamente nel 1981 e nel 1986.

Nel 1988 Lin accettò di progettare un monumento per il movimento dei diritti civili per conto del Southern Poverty Law Center. Il suo progetto consisteva in due elementi: un muro curvo di granito nero e un grande disco. Il muro è iscritto con una citazione di Martin Luther King, Jr. Il disco porta le date dei principali eventi dell'era dei diritti civili e i nomi di 40 persone che sono morte combattendo per la causa. L'acqua scorre dolcemente su entrambe le parti del memoriale.

Gli altri lavori di Lin variano da piccole sculture e scenografie a grandi installazioni ambientali. Molte delle sue opere sono state ispirate dalle caratteristiche naturali e dal paesaggio della Terra. In una serie di "campi di onde", per esempio, ha rimodellato il terreno coperto di erba per assomigliare alle onde dell'oceano.

Tra le sue altre opere su larga scala, una scultura in pietra a Yale per commemorare la coeducazione e un parco topiario nel North Carolina. I progetti architettonici di Lin includono i disegni per la Langston Hughes Library (1999), a Clinton, Tennessee, e per il Museum of Chinese in America (2009) a New York City.

Il film di Freida Lee Mock e Terry Sanders sul suo lavoro, Maya Lin: A Strong, Clear Voice, ha vinto il premio Oscar 1994 per il miglior documentario. Lin ha ricevuto la Medaglia Nazionale delle Arti nel 2009 e la Medaglia Presidenziale della Libertà nel 2016.

In evidenza

- Maya Lin si è laureata nel 1981 alla Yale University di New Haven, Connecticut, dove ha studiato architettura e scultura.
- Durante il suo ultimo anno ha partecipato a un concorso nazionale sponsorizzato dal Vietnam Veterans Memorial Fund per creare un progetto per un monumento in onore di coloro che hanno servito e sono morti in quella guerra.
- Il progetto premiato di Lin consisteva in un muro di granito nero lucido a forma di V con i nomi dei circa 58.000 uomini e donne uccisi o dispersi in azione.
- Molte delle sue opere d'arte, dalle piccole sculture esposte nelle gallerie alle grandi installazioni ambientali, hanno preso ispirazione dalle caratteristiche naturali e dal paesaggio della Terra.

Domande di ricerca

---

1. Conosci qualcuno che è rimasto fedele ai suoi sogni, non importa cosa pensassero gli altri?
2. Hai preso una decisione che è andata contro le norme previste nella nostra società?
3. Quale donna famosa ti ha ispirato ad essere senza paura nel corso della tua vita?

Jane Goodall (nata nel 1934)

Primatologo, etologo e antropologo britannico

"Il minimo che posso fare è parlare per coloro che non possono parlare per se stessi".

L'etologa britannica Jane Goodall era conosciuta soprattutto per le sue ricerche eccezionalmente dettagliate e a lungo termine sugli scimpanzé del Gombe Stream National Park in Tanzania. Nel corso degli anni è stata in grado di correggere una serie di malintesi su questi animali.

Goodall è nata il 3 aprile 1934 a Londra, in Inghilterra. Si è interessata al comportamento degli animali fin dalla più tenera età. Dopo aver lasciato la scuola all'età di 18 anni, ha lavorato come segretaria e come assistente di produzione cinematografica fino a quando ha ottenuto un passaggio in Africa. Una volta lì, Goodall iniziò ad assistere il paleontologo e antropologo Louis Leakey. La sua associazione con Leakey la portò a stabilire nel giugno 1960 un campo nella Gombe Stream Game Reserve (ora un parco nazionale) in modo da poter osservare il comportamento degli scimpanzé nella regione.

Nel 1964 Goodall sposò un fotografo olandese che era stato inviato nel 1962 in Tanzania per filmare il suo lavoro (in seguito divorziarono). L'Università di Cambridge conferì alla Goodall un dottorato di ricerca in etologia nel 1965; fu una dei pochissimi candidati a ricevere un dottorato senza aver prima posseduto un diploma di laurea. Tranne che per brevi periodi di assenza, Goodall e la sua famiglia rimasero a Gombe fino al 1975, spesso dirigendo il lavoro sul campo di altri dottorandi. Nel 1977 ha co-fondato il Jane Goodall Institute for Wildlife Research, Education, and Conservation in California. Il centro ha poi spostato la sua sede nella zona di Washington, D.C. Goodall ha anche creato varie altre iniziative, tra cui Jane Goodall's Roots & Shoots (1991), un programma di servizio per i giovani.

Durante la sua ricerca, Goodall scoprì che gli scimpanzé sono onnivori, non vegetariani, e che sono capaci di costruire e usare strumenti. Ha anche scoperto che hanno una serie di comportamenti sociali complessi e altamente sviluppati che prima non erano stati riconosciuti dall'uomo.

In evidenza

- Jane Goodall, in pieno Dame Jane Goodall, era interessata al comportamento degli animali fin dalla tenera età, ha lasciato la scuola all'età di 18 anni.
- Lavorò come segretaria e come assistente di produzione cinematografica fino a quando non ottenne un passaggio in Africa. Una volta lì, Goodall iniziò ad assistere il paleontologo e antropologo Louis Leakey.
- L'Università di Cambridge nel 1965 assegnò a Goodall un dottorato di ricerca in etologia; fu una dei pochissimi candidati a ricevere un dottorato senza aver prima posseduto una laurea.
- Goodall ha scritto una serie di libri e articoli su vari aspetti del suo lavoro, in particolare In the Shadow of Man (1971).
- Goodall ha continuato a scrivere e a tenere conferenze sulle questioni ambientali e di conservazione fino all'inizio del 21° secolo.

Domande di ricerca

---

1. Quando hai incontrato per la prima volta dei modelli femminili forti, come tua madre o la tua insegnante?
2. Chi sono le donne che ammiri di più? Quali qualità ti ricordano loro?
3. Le viene in mente una storia di una donna che la ispira?

Mary Seacole (1805-1881)

Infermiera ed eroina della guerra di Crimea

"Se non mi è permesso di raccontare la storia della mia vita a modo mio, non posso raccontarla affatto".

L'infermiera giamaicana Mary Seacole si prese cura dei soldati britannici sul campo di battaglia durante la guerra di Crimea (1853-56). I rimedi di Seacole per il colera e la dissenteria erano particolarmente apprezzati.

Mary Jane Grant nacque nel 1805 a Kingston, in Giamaica. Suo padre era un soldato scozzese e sua madre una donna giamaicana libera e nera, esperta in medicina tradizionale. Nel 1836 Grant sposò Edwin Horatio Seacole e, durante i loro viaggi alle Bahamas, Haiti e Cuba, raccolse ulteriori conoscenze di medicine e trattamenti locali.

Dopo la morte del marito nel 1844, Seacole acquisì ulteriore esperienza infermieristica durante un'epidemia di colera a Panama. Quando Mary

Seacole tornò in Giamaica, si prese cura delle vittime della febbre gialla, molte delle quali erano soldati britannici.

Seacole era a Londra, in Inghilterra, nel 1854 quando sentì parlare della mancanza di rifornimenti e di assistenza infermieristica per i soldati nella guerra di Crimea. Nonostante la sua esperienza, le sue offerte di essere inviata al fronte per aiutare furono rifiutate; lei attribuì il suo rifiuto al pregiudizio razziale.

Nel 1855 Mary Seacole si recò da sola in Crimea (ora in Ucraina), fondando il British Hotel per vendere cibo, forniture e medicine alle truppe. Assistette i feriti negli ospedali militari e le vittime al fronte. Alla fine della guerra Mary Seacole tornò in Inghilterra, povera e malata.

Nel 1857 l'autobiografia di Seacole, Wonderful Adventures of Mrs. Seacole in Many Lands, fu pubblicata e divenne un best-seller. Furono raccolti fondi per riconoscere i suoi contributi in Crimea e lei ricevette decorazioni da Francia, Inghilterra e Turchia. Mary Seacole morì il 14 maggio 1881 a Londra.

In evidenza

- Nel 1836 Mary Grant sposò Edwin Horatio Seacole, e durante i loro viaggi alle Bahamas, Haiti e Cuba aumentò la sua conoscenza delle medicine e dei trattamenti locali.
- Dopo la morte del marito nel 1844, acquisì ulteriore esperienza infermieristica durante un'epidemia di colera a Panama e, dopo essere tornata in Giamaica, si occupò delle vittime della febbre gialla, molte delle quali erano soldati britannici.
- Nonostante la sua esperienza, le sue offerte per servire come infermiera dell'esercito furono rifiutate, e lei attribuì il suo rifiuto al pregiudizio razziale.
- Nel 1855, con l'aiuto di un parente di suo marito, andò in Crimea come vivandiera, fondando il British Hotel per vendere cibo, provviste e medicine alle truppe.

Domande di ricerca

---

1. Qual è stato l'ultimo consiglio che tua madre ti ha dato prima di partire per la scuola o il lavoro?
2. Ci sono donne nella storia che ispirano a perseguire o fare qualcosa di straordinario?
3. Qual è la cosa migliore che una donna può fare nei momenti difficili?

Jane Austen (1775-1817)

Romanziere inglese

"Devo imparare ad accontentarmi di essere più felice di quello che merito".

Attraverso i suoi ritratti di persone comuni nella vita quotidiana, Jane Austen ha dato al genere del romanzo il suo carattere moderno. Iniziò a scrivere in giovane età. A 15 anni Jane Austen scriveva opere teatrali e sketch per il divertimento della sua famiglia, e a 21 anni aveva iniziato a scrivere romanzi che sono tra i più belli della letteratura inglese.

Jane Austen nacque il 16 dicembre 1775 nella canonica di Steventon, un villaggio dell'Hampshire, in Inghilterra. Aveva sei fratelli e una sorella. Suo padre, il reverendo George Austen, era un rettore del villaggio. Anche se lei e sua sorella frequentarono brevemente diverse scuole, Jane fu educata principalmente da suo padre, che insegnava ai suoi stessi figli e a diversi studenti che si imbarcavano con la famiglia.

Suo padre andò in pensione quando Jane Austen aveva 25 anni. A quel punto i suoi fratelli, due dei quali divennero poi ammiragli, avevano una carriera e una famiglia propria. Jane, sua sorella Cassandra e i loro genitori andarono a vivere a Bath. Dopo la morte del padre nel 1805, la famiglia visse temporaneamente a Southampton prima di stabilirsi definitivamente a Chawton.

Tutti i romanzi di Jane Austen sono storie d'amore. Tuttavia, né Jane né sua sorella si sposarono mai. Ci sono accenni a due o tre storie d'amore nella vita di Jane, ma se ne sa poco, perché Cassandra distrusse tutte le lettere di natura personale dopo la morte di Jane. I fratelli avevano famiglie numerose, e Jane era una delle preferite dai suoi nipoti.

Jane Austen scrisse due romanzi prima dei 22 anni. Questi furono poi rivisti e pubblicati come Ragione e sentimento (1811) e Orgoglio e pregiudizio (1813). Completò il suo terzo romanzo, Northanger Abbey, quando aveva 27 o 28 anni, ma non apparve in stampa fino a dopo la sua morte.

Jane Austen scrisse altri tre romanzi alla fine dei suoi 30 anni: Mansfield Park (1814), Emma (1816) e Persuasione (pubblicato insieme a Northanger Abbey nel 1818).

La Austen scriveva del mondo che conosceva. I suoi romanzi ritraggono le vite della nobiltà e del clero dell'Inghilterra rurale, e si svolgono nei villaggi e nei quartieri di campagna, con una visita occasionale a Bath e Londra. Il suo mondo era piccolo, ma Jane Austen lo vedeva chiaramente e lo ritraeva con arguzia e distacco. Ha descritto la sua scrittura come "il piccolo pezzo (due pollici di larghezza) di avorio su cui lavoro con un pennello così fine, che produce poco effetto dopo molto lavoro".

Jane Austen morì il 18 luglio 1817, dopo una lunga malattia. Trascorse le ultime settimane della sua vita a Winchester, vicino al suo medico, e lì è sepolta nella cattedrale.

In evidenza

- Il primo dei suoi romanzi pubblicati durante la sua vita, Ragione e Sentimento, fu iniziato verso il 1795 come un romanzo-in-lettere chiamato "Elinor e Marianne", come le sue eroine. Nel frattempo, nel 1811 Austen aveva iniziato Mansfield Park, che fu finito nel 1813 e pubblicato nel 1814.
- Di tutti i romanzi della Austen, Emma è il più coerentemente comico nel tono.
- La perdurante popolarità dei libri della Austen può essere vista nei numerosi adattamenti cinematografici e televisivi delle sue opere.
- Orgoglio e pregiudizio è stato in particolare adattato in un film del 1940 con Greer Garson e Laurence Olivier, una miniserie (1995) con Jennifer Ehle e Colin Firth, e un film (2005) con Keira Knightley e Matthew Macfadyen.

Domande di ricerca

---

1. Chi sono le tue donne preferite nella letteratura?
2. Cosa diresti a una donna che pensa di non essere abbastanza?
3. Che consiglio darebbe alle ragazze di tutto il mondo per essere impavide e raggiungere i loro obiettivi?

Coco Chanel (1883-1971)

Stilista francese

"L'atto più coraggioso è ancora quello di pensare con la propria testa. Ad alta voce".

La stilista francese Coco Chanel ha guidato il mondo dell'alta moda a Parigi, in Francia, per quasi sei decenni. I suoi disegni elegantemente casual hanno ispirato le donne ad abbandonare gli abiti complicati e scomodi - come sottovesti e corsetti - che erano comuni nel XIX secolo. Tra le sue innovazioni ormai classiche c'erano l'abito senza colletto, i pantaloni a campana, la bigiotteria e il "piccolo abito nero".

Gabrielle Bonheur Chanel nacque il 19 agosto 1883 a Saumur, in Francia. Dopo che sua madre morì quando Chanel era giovane, suo padre la mise in un orfanotrofio. Dopo aver lavorato brevemente come commessa, Coco Chanel cantò per alcuni anni in un caffè.

Nel 1913 Coco Chanel aprì un piccolo negozio di modisteria a Deauville, in Francia. Lì vendette anche semplice abbigliamento sportivo, come i maglioni di jersey. Entro cinque anni i suoi modelli avevano attirato l'attenzione delle donne ricche che cercavano sollievo dai prevalenti stili costrittivi.

Gli abiti di Coco Chanel sottolineavano la semplicità e il comfort e rivoluzionarono l'industria della moda. Alla fine degli anni '20 le industrie Chanel impiegavano 3.500 persone e comprendevano una casa di moda, un'azienda tessile, laboratori di profumi e un laboratorio di bigiotteria.

Gran parte dell'impero di Chanel ruotava intorno a Chanel No. 5, il profumo che introdusse nel 1922. Il profumo, una combinazione di gelsomino e diversi altri profumi floreali, era più complesso e misterioso dei profumi monosenso allora sul mercato.

Il fatto che Chanel sia stata la prima grande stilista a introdurre un profumo e che abbia usato una bottiglia semplice ed elegante ha anche aggiunto al successo del profumo. Una partnership con gli uomini d'affari che producevano e commercializzavano il suo profumo le lasciò solo una piccola percentuale delle royalties. Nonostante una serie di cause legali, Coco Chanel non riuscì a riprendere il controllo della sua fragranza.

Chanel chiuse la sua casa di moda nel 1939 con lo scoppio della seconda guerra mondiale, ma tornò nel 1954. Dopo la sua morte il 10 gennaio 1971, a Parigi, la sua casa di moda è stata guidata da una serie di designer diversi. Questa situazione si stabilizzò nel 1983, quando Karl Lagerfeld divenne capo designer.

In evidenza

- Coco Chanel nacque in povertà nella campagna francese; sua madre morì e suo padre la abbandonò in un orfanotrofio.
- I disegni elegantemente casual di Coco Chanel ispirarono le donne della moda ad abbandonare gli abiti complicati e scomodi - come sottovesti e corsetti - che erano prevalenti nell'abbigliamento del XIX secolo.
- Dopo la sua morte nel 1971, la casa di moda Chanel è stata guidata da una serie di designer, con il mandato di Karl Lagerfeld (1983-2019) che è stato il più lungo e influente.

- La sagace comprensione di Chanel delle esigenze della moda femminile, la sua ambizione intraprendente e gli aspetti romantici della sua vita - la sua ascesa dagli stracci alla ricchezza e le sue sensazionali storie d'amore - hanno continuato ad ispirare numerosi libri biografici, film e opere teatrali, tra cui il musical Coco del 1970 a Broadway con Katharine Hepburn.

Domande di ricerca

---

1. Qual è uno dei ricordi più belli che hai e che ha coinvolto una donna straordinaria?
2. Chi è stato il tuo più grande modello di comportamento crescendo, e perché?
3. Avete avuto un'esperienza in cui l'opinione di qualcuno contava più della vostra, a causa del loro sesso o del colore della loro pelle o di qualcos'altro che potrebbe farli sembrare "meno umani"?

Frida Kahlo (1907-1954)

Pittore messicano

"Non dipingo sogni o incubi, dipingo la mia realtà".

La pittrice messicana Frida Kahlo ha creato autoritratti intensi e dai colori brillanti dipinti in uno stile primitivista. Traeva ispirazione dalla sua eredità messicana e incorporava simboli nativi e religiosi nel suo lavoro. Frida Kahlo sposò due volte l'artista Diego Rivera, che incoraggiò e influenzò la sua pittura.

Magdalena Carmen Frida Kahlo y Calderón nacque il 6 luglio 1907 a Coyoacán, in Messico. Tranne che per la formazione artistica di base nello studio fotografico del padre e per aver preso due lezioni da studentessa, è stata autodidatta come artista.

Nel 1925 Frida Kahlo fu coinvolta in un incidente di autobus che la ferì così gravemente che subì circa tre dozzine di operazioni. Durante il suo lento recupero dal trauma, Kahlo iniziò a dipingere. Kahlo mostrò i suoi primi sforzi a Rivera, che aveva incontrato qualche anno prima, e lui la incoraggiò a continuare a dipingere.

Quasi la metà delle opere di Frida Kahlo sono autoritratti, in cui esplora la sua identità come donna, come messicana e come artista. A causa dei suoi continui problemi di salute, i ritratti la ritraggono spesso in agonia fisica.

Dopo che Kahlo sposò Rivera nel 1929, viaggiò con lui per alcuni anni negli Stati Uniti, dove aveva ricevuto commissioni per diversi murales. Il tempo trascorso negli Stati Uniti rafforzò il suo nazionalismo messicano, e dopo il ritorno in Messico Frida Kahlo continuò a difendere l'identità e la cultura nazionale messicana.

Frida Kahlo era politicamente attiva come comunista e diede rifugio al leader sovietico in esilio Leon Trotsky alla fine degli anni trenta. La relazione di Kahlo e Rivera fu intensa, complessa e tesa da molte infedeltà. Si separarono nel 1939 ma si risposarono nel 1941.

Nel 1938 Kahlo incontrò André Breton, uno dei principali surrealisti, che sostenne il suo lavoro. Sia Breton che Marcel Duchamp furono influenti nell'organizzare alcune delle mostre del suo lavoro negli Stati Uniti e in Europa. Anche se la Kahlo fu identificata come surrealista, lei rinnegò quell'etichetta.

Nel 1943 Frida Kahlo fu nominata professore di pittura a La Esmeralda, la Scuola di Belle Arti del Ministero dell'Educazione. Dopo aver sofferto per anni di cattiva salute a causa del suo incidente, Frida Kahlo morì il 13 luglio 1954 a Coyoacán.

Il Diario di Frida Kahlo, che copre gli anni 1944-54, e Le lettere di Frida Kahlo furono entrambi pubblicati nel 1995. Frida, un film sulla sua vita, è uscito nel 2002, con l'attrice messicana Salma Hayek nel ruolo della Kahlo.

In evidenza

- Frida Kahlo, per esteso Frida Kahlo de Rivera, è nata da un padre tedesco di origine ungherese e da una madre messicana di origine spagnola e nativa americana.
- Dopo aver subito un aborto spontaneo a Detroit e più tardi la morte di sua madre, Kahlo dipinse alcune delle sue opere più strazianti.
- Nel 1943 fu nominata professore di pittura a La Esmeralda, la Scuola di Belle Arti del Ministero dell'Educazione.

- Il Museo Frida Kahlo aprì al pubblico nel 1958, un anno dopo la morte di Rivera.

Domande di ricerca

---

1. Quali sono i tuoi pensieri sul dover vivere all'altezza di stereotipi e standard ogni giorno come ragazza o donna?
2. Che consiglio darebbe alle giovani ragazze che vogliono realizzare i loro obiettivi, ma si sentono intimidite dalle persone che le circondano?
3. Quale donna nella storia pensi sia stata la più coraggiosa?

Mary Anning (1799-1847)

Collezionista, commerciante e paleontologo britannico di fossili

"È grande e pesante ma... è il primo e unico scoperto in Europa".

La prolifica cacciatrice di fossili inglese e anatomista dilettante Mary Anning è accreditata per la scoperta di diversi esemplari di dinosauro che hanno contribuito al primo sviluppo della paleontologia. I suoi scavi hanno anche aiutato le carriere di molti scienziati britannici, fornendo loro esemplari da studiare e inquadrando una parte significativa della storia geologica della Terra.

Alcuni scienziati notano che i fossili recuperati da Mary Anning possono anche aver contribuito, in parte, alla teoria dell'evoluzione proposta dal naturalista inglese Charles Darwin.

Mary Anning è nata il 21 maggio 1799 a Lyme Regis, Dorset, Inghilterra. Era una dei due figli sopravvissuti nati dall'ebanista e collezionista di fossili Richard Anning e da sua moglie, Mary Moore. La famiglia si basava sulla vendita di fossili raccolti dalle scogliere vicino alla loro casa lungo la costa della Manica come fonte di reddito.

Dopo la morte di Richard nel 1810, la famiglia si affidò principalmente alla carità. Mary Anning, suo fratello Joseph e la loro madre, che erano essi stessi abili collezionisti di fossili, integrarono le loro magre risorse vendendo fossili di invertebrati, come ammonoidi e belemnoidi, a collezionisti e studiosi.

Nel 1817 i fossili attirarono l'attenzione del collezionista di fossili britannico, il tenente colonnello Thomas Birch, che aiutò finanziariamente la famiglia acquistando un certo numero di esemplari. Più tardi mise all'asta la sua collezione e donò il ricavato alla famiglia Anning durante un periodo particolarmente disperato della loro vita.

Nel corso della sua vita, Mary Anning scoprì anche i resti di diversi grandi vertebrati incorporati nelle scogliere di Lyme Regis. Le scogliere, che risalgono ai periodi dal tardo Triassico al primo Giurassico (circa 229 milioni a 176 milioni di anni fa), un periodo in cui la zona era sommersa e si trovava più vicino all'Equatore, contengono il calcare e gli scisti ricchi di fossili della formazione Blue Lias.

Nel 1810 suo fratello trovò il primo esemplare conosciuto di Ichthyosaurus; tuttavia, fu Mary Anning a scavare, e alcune fonti le attribuiscono anche il merito della scoperta. Il medico britannico Everard Home descrisse l'esemplare poco dopo in una serie di articoli.

La sua scoperta più famosa avvenne nel 1824 quando scoprì il primo scheletro intatto di Plesiosaurus. L'esemplare era così grande e ben conservato che attirò l'attenzione dello zoologo francese Georges Cuvier, che dubitò della scoperta finché non vide i disegni dell'esemplare in un articolo del geologo e paleontologo inglese William Daniel Conybeare.

Dopo che Cuvier autenticò la scoperta, la comunità scientifica cominciò a riconoscere il valore paleontologico dei fossili recuperati da Anning e dalla sua famiglia.

La notizia degli scavi di fossili della Anning la rese una celebrità e spinse paleontologi, collezionisti e turisti a scendere a Lyme Regis per comprare da lei. Mary Anning continuò a recuperare altri scheletri di ittiosauri e plesiosauri dalle scogliere. Scoprì uno pterosauro nel 1828, che divenne noto come Pterodactylus (o Dimorphodon) macronyx. Fu il primo esemplare di pterosauro trovato fuori dalla Germania.

Nel 1829 Mary Anning scavò lo scheletro di Squaloraja, un pesce fossile che si pensa sia un membro di un gruppo di transizione tra gli squali e le razze.

Anning insegnò a se stessa geologia, anatomia, paleontologia e illustrazione scientifica. Nonostante la sua mancanza di formazione scientifica formale, le sue scoperte, la conoscenza del territorio e l'abilità nel classificare i fossili sul campo le fecero guadagnare una reputazione tra i ranghi maschili della paleontologia, in gran parte di classe superiore.

Le sue successive spedizioni di caccia a volte includevano famosi scienziati dell'epoca, tra cui il geologo e ministro inglese William Buckland e l'anatomista e paleontologo inglese Richard Owen, che propose il termine Dinosauria nel 1842. Anning ha anche corrisposto e venduto fossili ad altri importanti scienziati, come Cuvier e il geologo inglese Adam Sedgwick.

Tuttavia, alla Anning non fu dato pieno credito per molti dei fossili che aveva scavato. I collezionisti che donavano esemplari alle istituzioni tendevano ad essere accreditati per la loro scoperta.

Dei molti esemplari che Mary Anning trovò e recuperò, molti furono descritti in riviste prestigiose senza nemmeno una menzione del suo nome. Tuttavia, alcuni famosi scienziati dell'epoca, come il geologo britannico Henry De la Beche e il paleontologo britannico Gideon Mantell, la accreditarono nei loro lavori.

Verso la fine della sua vita, Anning raccolse rendite dalla British Association for the Advancement of Science e dalla Geological Society di Londra, che furono istituite come riconoscimento dei suoi contributi alla scienza. Dopo la sua morte, il presidente della Società Geologica la elogiò nel suo discorso annuale, anche se le prime donne non sarebbero state ammesse nell'organizzazione fino al 1904.

Nel 2010 la Anning è stata riconosciuta dalla Royal Society come una delle 10 donne scienziato più influenti della storia britannica. Mary Anning morì il 9 marzo 1847 a Lyme Regis.

In evidenza

- Mary Anning era una prolifica cacciatrice di fossili inglese e un'anatomista dilettante accreditata con la scoperta di diversi esemplari di dinosauro che hanno contribuito al primo sviluppo della paleontologia.
- La notizia degli scavi di fossili della Anning la rese una celebrità e spinse paleontologi, collezionisti e turisti a scendere a Lyme Regis per comprare da lei.
- Mary Anning scoprì uno pterosauro nel 1828, che divenne noto come Pterodactylus (o Dimorphodon) macronyx. Fu il primo esemplare di pterosauro trovato fuori dalla Germania.
- Nel 1829 scavò lo scheletro di Squaloraja, un pesce fossile che si pensa sia un membro di un gruppo di transizione tra gli squali e le razze.
- I suoi scavi aiutarono le carriere di molti scienziati britannici fornendo loro esemplari da studiare e inquadrando una parte significativa della storia geologica della Terra.

Domande di ricerca

---

1. Quale consiglio è stato prezioso nella sua vita?
2. Se dovessi fare un discorso alla gente su come hai conquistato la paura, cosa diresti?
3. Chi sono alcune delle persone che hanno influenzato la nostra società in modo profondo attraverso le loro impavide realizzazioni e il coraggio di fare importanti cambiamenti nel mondo che li circonda?

Amelia Earhart (1897-1937)

Aviatore americano

> *"Le donne devono cercare di fare le cose come le hanno fatte gli uomini. Quando falliscono, il loro fallimento deve essere solo una sfida per gli altri".*

Amelia Earhart è stata la prima donna - e la seconda persona - a volare da sola attraverso l'Oceano Atlantico. La sua scomparsa durante un volo intorno al mondo nel 1937 è rimasta un mistero fino al XXI secolo.

Amelia Mary Earhart nacque il 24 luglio 1897 ad Atchison, Kansas. Suo padre era un avvocato delle ferrovie e sua madre proveniva da una famiglia benestante. Come un bambino Earhart era avventuroso e indipendente.

Dopo la morte dei nonni, la famiglia lottò finanziariamente e si trasferì spesso. Amelia Earhart completò la scuola superiore a Chicago, Illinois, nel

1916. Dopo che sua madre ricevette l'eredità, Earhart frequentò la Ogontz School per ragazze a Rydal, in Pennsylvania. Tuttavia, durante una visita a sua sorella in Canada, ha sviluppato un interesse nella cura dei soldati feriti nella prima guerra mondiale. Nel 1918 ha lasciato la scuola per diventare un assistente infermiera a Toronto, Ontario.

Dopo la guerra entrò nel programma di medicina alla Columbia University di New York, New York. Amelia Earhart partì nel 1920 dopo che i suoi genitori insistettero per farla vivere con loro in California. Quello stesso anno fece il suo primo viaggio in aereo.

L'esperienza la spinse a prendere lezioni di volo. Nel 1921 Amelia Earhart comprò il suo primo aereo, un Kinner Airster. Due anni dopo ottenne la licenza di pilota. A metà degli anni '20 la Earhart si trasferì nel Massachusetts, dove divenne un'assistente sociale per gli immigrati a Boston. Earhart continuò anche a perseguire il suo interesse per l'aviazione.

Alla fine degli anni '20 i promotori cercarono di far volare una donna attraverso l'Oceano Atlantico. Nell'aprile del 1928 la Earhart fu selezionata per il volo. Il 17 giugno partì da Trepassey, Terranova, Canada, come passeggero su un idrovolante. (Wilmer Stultz e Louis Gordon erano i piloti).

Dopo l'atterraggio a Burry Port, in Galles, il 18 giugno, la Earhart divenne una celebrità internazionale. Amelia Earhart scrisse del volo in 20 Hrs. 40 Min. (1928) e tenne conferenze in tutti gli Stati Uniti.

L'editore George Palmer Putnam aveva aiutato ad organizzare lo storico volo e a gestire la pubblicità. La coppia si sposò nel 1931, ma la Earhart continuò la sua carriera con il suo nome da nubile. Quell'anno la Earhart pilotò anche un autogiro (una prima forma di elicottero) ad un'altitudine record di 18.415 piedi (5.613 metri).

Il 20-21 maggio 1932, la Earhart fece un volo in solitaria attraverso l'Atlantico con il suo aereo Lockheed Vega. Partì da Harbour Grace, Newfoundland, e arrivò a Londonderry, Irlanda del Nord. Earhart completò il volo in un tempo record di 14 ore e 56 minuti nonostante una serie di problemi.

Amelia Earhart ebbe in particolare difficoltà meccaniche e maltempo e non riuscì ad atterrare nella destinazione prevista di Parigi, in Francia. In seguito pubblicò The Fun of It (1932), in cui scrisse della sua vita e del suo interesse per il volo. Earhart ha poi intrapreso una serie di voli attraverso gli Stati Uniti.

Amelia Earhart era molto interessata allo sviluppo dell'aviazione commerciale e prese un ruolo attivo nell'aprire il campo alle donne. Per un certo periodo, la Earhart fu vicepresidente della Ludington Airlines, che operava uno dei primi servizi regolari di trasporto passeggeri tra New York e Washington, D.C.

Nel 1929 Amelia Earhart contribuì a fondare un'organizzazione di donne pilota che in seguito divenne nota come Ninety-Nines. Earhart ne fu il primo presidente. Inoltre, ha debuttato una linea di abbigliamento per donne nel 1933.

Nel 1935 Amelia Earhart passò alla storia con il primo volo in solitaria dalle Hawaii alla California. Il pericoloso percorso era lungo 2.408 miglia (3.875 chilometri), una distanza più lunga di quella dagli Stati Uniti all'Europa.

Amelia Earhart partì da Honolulu l'11 gennaio e atterrò a Oakland il giorno seguente. Il volo durò 17 ore e 7 minuti. Più tardi quell'anno divenne la prima persona a volare da sola da Los Angeles, California, a Città del Messico, Messico.

Nel 1937 la Earhart partì per un viaggio di 29.000 miglia (47.000 chilometri) intorno al mondo. Fred Noonan era il suo navigatore, e volavano in un bimotore Lockheed Electra. Il 1° giugno, la squadra partì da Miami, Florida, diretta ad est. Nelle settimane seguenti fecero varie soste di rifornimento. Alla fine raggiunsero Lae, in Nuova Guinea, il 29 giugno. A quel punto i due avevano percorso circa 22.000 miglia (35.000 chilometri).

Amelia Earhart e Noonan partirono dalla Nuova Guinea il 2 luglio. Erano diretti all'isola Howland, a circa 2.600 miglia (4.200 chilometri) di distanza. Il minuscolo atollo corallino era difficile da localizzare, così due navi americane luminose furono posizionate per segnare la rotta.

Amelia Earhart era anche in contatto radio con l'Itasca, un cutter della Guardia Costiera degli Stati Uniti vicino a Howland. Alla fine del viaggio Earhart comunicò via radio che l'aereo stava finendo il carburante. Circa un'ora dopo annunciò: "Stiamo correndo verso nord e verso sud". Quella fu l'ultima trasmissione ricevuta dall'Itasca.

Il personale di supporto credeva che l'aereo fosse caduto a circa 100 miglia (160 chilometri) dall'isola. Una vasta ricerca è stata intrapresa per trovare Earhart e Noonan. Tuttavia, il 19 luglio 1937, l'operazione fu annullata e la coppia fu dichiarata persa in mare.

Durante tutto il viaggio Amelia Earhart aveva inviato al marito vari materiali, tra cui lettere e voci di diario. Questi furono pubblicati in Last Flight (1937).

La misteriosa scomparsa della Earhart catturò l'immaginazione del pubblico e generò numerose teorie e rivendicazioni. Alcuni credevano che Earhart e Noonan si fossero schiantati su un'altra isola dopo non essere riusciti a localizzare Howland. Altri suggerirono che i giapponesi li avessero catturati. Tuttavia, nessuna prova conclusiva è stata trovata per tali affermazioni.

La maggior parte degli esperti ritiene che l'aereo della Earhart si sia schiantato nel Pacifico vicino a Howland dopo aver esaurito il carburante. Amelia Earhart divenne il soggetto di numerosi libri e film.

In evidenza

- Decisa a giustificare la fama che la sua traversata del 1928 le aveva portato, la Earhart attraversò l'Atlantico da sola il 20-21 maggio 1932.
- Il suo volo nel suo Lockheed Vega da Harbour Grace, Newfoundland, a Londonderry, Irlanda del Nord, è stato completato nel tempo record di 14 ore e 56 minuti nonostante una serie di problemi.
- La scomparsa di Amelia Earhart durante un volo intorno al mondo nel 1937 divenne un mistero duraturo, alimentando molte speculazioni. In particolare, alcuni credevano che lei e Noonan si fossero schiantati su un'altra isola dopo non essere riusciti a

localizzare Howland, mentre altri sostenevano che fossero stati catturati dai giapponesi.

- La maggior parte degli esperti crede che l'aereo della Earhart si sia schiantato nel Pacifico vicino a Howland dopo aver finito il carburante.

Domande

---

1. Quali sono le tre qualità che compongono un'eroina femminile?
2. Se dovessi parlare al tuo migliore amico di una donna o ragazza che ti ispira, chi sarebbe e perché?
3. Come definirebbe il "girl power"?

Emmeline Pankhurst (1858-1928)

Attivista politico britannico

"Preferisco essere un ribelle che uno schiavo".

La leader del suffragio militante britannico Emmeline Pankhurst ha combattuto per 40 anni per ottenere l'uguaglianza dei diritti di voto per uomini e donne in Inghilterra. Sua figlia Christabel Harriette Pankhurst (1880-1958) fu anche lei prominente nel movimento del suffragio femminile.

Emmeline Goulden è nata il 14 luglio 1858 a Manchester, Inghilterra. Sposò Richard Marsden Pankhurst nel 1879. Era un avvocato di spicco e l'autore della prima legge sul suffragio femminile in Gran Bretagna e degli atti sulla proprietà delle donne sposate del 1870 e del 1882. Nel 1889 fondò la Women's Franchise League, che ottenne per le donne sposate il diritto di voto nelle elezioni per gli uffici locali.

Dal 1895 Emmeline Pankhurst tenne una successione di uffici comunali a Manchester. Lì nel 1903 Pankhurst cofondò con Christabel la Women's Social and Political Union (WSPU). L'organizzazione ottenne un'ampia attenzione due anni dopo, quando Christabel e un altro membro, Annie Kenney, furono arrestati per aggressione alla polizia e, dopo aver rifiutato di pagare le multe, furono mandati in prigione.

Dal 1906 Emmeline Pankhurst diresse le attività del WSPU da Londra. La Pankhurst credeva che il governo liberale al potere stesse impedendo il suffragio femminile, così fece campagna contro i candidati del partito alle elezioni. I suoi seguaci si unirono alla mischia interrompendo le riunioni dei ministri del governo. Nel 1908-09 Pankhurst fu incarcerata tre volte. Dichiarò una tregua nel 1910, ma fu rotta quando il governo bloccò una legge di "conciliazione" sul suffragio femminile.

A partire dal luglio 1912 il WSPU si rivolse alla militanza estrema, principalmente sotto forma di incendi dolosi diretti da Christabel da Parigi, dove era andata per evitare l'arresto per cospirazione. Emmeline Pankhurst stessa fu arrestata, rilasciata e riarrestata 12 volte nel giro di un anno in base ad una legge che permetteva ai prigionieri in sciopero della fame di essere liberi per un certo tempo per recuperare la loro salute prima di essere reincarcerati.

Quando la prima guerra mondiale iniziò nel 1914, lei e Christabel abbandonarono la campagna di suffragio e il governo rilasciò tutte le suffragiste prigioniere. L'autobiografia di Emmeline Pankhurst, My Own Story, apparve lo stesso anno.

Prima della guerra, Pankhurst aveva fatto tre viaggi negli Stati Uniti per tenere conferenze sul suffragio femminile. Tornò durante gli anni della guerra, visitando gli Stati Uniti, il Canada e la Russia per incoraggiare la mobilitazione industriale delle donne.

Emmeline Pankhurst visse negli Stati Uniti, in Canada e alle Bermuda fino al 1926, quando tornò in Inghilterra. Lì la Pankhurst fu scelta come candidata conservatrice per una circoscrizione dell'est di Londra, ma la sua salute venne meno prima che potesse essere eletta. Il Representation of the People Act del 1928, che dava uguale suffragio a uomini e donne, fu approvato poche settimane dopo la sua morte, avvenuta il 14 giugno 1928 a Londra.

In evidenza

- Nel 1879 Emmeline Goulden sposò Richard Marsden Pankhurst, avvocato, amico di John Stuart Mill e autore della prima legge sul suffragio femminile in Gran Bretagna (fine anni 1860) e degli atti sulla proprietà delle donne sposate (1870, 1882).
- Ha fondato la Women's Franchise League, che ha assicurato (1894) alle donne sposate il diritto di voto nelle elezioni per gli uffici locali (non per la Camera dei Comuni).
- Dal 1895 tenne una successione di uffici comunali a Manchester, ma le sue energie furono sempre più richieste dalla Women's Social and Political Union (WSPU), che fondò nel 1903 a Manchester.
- Nel 1926, al suo ritorno in Inghilterra, fu scelta come candidata conservatrice per una circoscrizione di Londra Est, ma la sua salute venne meno prima che potesse essere eletta.
- L'autobiografia della Pankhurst, My Own Story, apparve nel 1914.

Domande di ricerca

---

1. Qual è un film d'ispirazione con una protagonista femminile che mostra coraggio, audacia ed è veramente degno di ammirazione?
2. Ci parli di un momento particolarmente difficile che ha dovuto sopportare e come si è risolto?
3. Quale femmina merita più attenzione per essere intelligente, impavida e potente?

Anna Frank (1929-1945)

Diarista tedesco-olandese

"Com'è meraviglioso che nessuno debba aspettare un solo istante prima di iniziare a migliorare il mondo".

Una delle più famose vittime ebree dell'Olocausto, Anna Frank ha scritto uno dei resoconti più potenti al mondo sulla vita degli ebrei durante la Seconda Guerra Mondiale. Anche se il diario di Anne non riguardava direttamente l'Olocausto, i suoi lettori conobbero personalmente una dei milioni di vittime ebree della persecuzione nazista, e l'immenso orrore e la tragedia dell'Olocausto furono trasformati in un evento personale.

Anne (Annelies) Marie Frank nacque il 12 giugno 1929 a Francoforte, in Germania, da Otto ed Edith Frank, entrambi provenienti da rispettate famiglie ebree tedesche.

Anne Frank e sua sorella maggiore Margot sono cresciute in una Germania che stava diventando sempre più ostile agli ebrei, e l'ostilità peggiorò quando il partito nazionalsocialista antiebraico guidato da Adolf Hitler salì al potere nel 1933.

Rendendosi conto che la situazione degli ebrei in Germania stava diventando pericolosa, Otto Frank si recò nei Paesi Bassi per fondare una filiale dell'azienda del fratello, la Dutch Opekta Company, nella città di Amsterdam.

La famiglia di Otto Frank lo raggiunse poco dopo, e verso la metà degli anni Trenta i Frank si erano stabiliti in un'esistenza relativamente felice e libera dalle persecuzioni per la loro eredità ebraica. Anne Frank si adattò rapidamente alla vita nel nuovo paese e sviluppò molte amicizie con bambini ebrei e non ebrei.

Nel 1939, la pace inquieta in Europa fu distrutta quando le forze militari tedesche iniziarono a invadere altri paesi europei. La Seconda Guerra Mondiale era iniziata. Nel maggio 1940, i Paesi Bassi si arresero alla Germania e furono rapidamente portati sotto il dominio dell'occupazione tedesca.

I Paesi Bassi non potevano più proteggere la loro popolazione ebraica dalla persecuzione nazista, e l'amministrazione nazista occupante emise decreti antiebraici sempre più severi per isolare gli ebrei dal resto della popolazione olandese. Tutti gli ebrei dovettero registrare le loro attività e poi cederle ai non ebrei.

Otto Frank passa la sua attività ai suoi colleghi non ebrei, Victor Kugler e Johannes Kleiman. Nel 1941 Anne e Margot non possono più andare a scuola con i non ebrei. Nel 1942, a tutti gli ebrei dai 6 anni in su fu richiesto di indossare una stella gialla di David sui loro vestiti per contrassegnarli come ebrei. Presto gli ebrei olandesi furono radunati e deportati nel campo di prigionia di Westerbork, nel nord dei Paesi Bassi.

Nel frattempo, Otto Frank stava preparando i piani superiori dell'annesso posteriore al suo ufficio come luogo segreto dove la sua famiglia poteva nascondersi dai funzionari e dai simpatizzanti nazisti e sfuggire alla deportazione nei campi di prigionia.

Aveva sollecitato l'aiuto di Kugler e Kleiman e degli impiegati Miep Gies, Jan Gies e Bep Voskuijl per sostenerli nella clandestinità durante l'occupazione nazista. Quando Margot ricevette un avviso di deportazione il 5 luglio 1942, la famiglia si nascose immediatamente. I Franchi furono raggiunti una settimana dopo dal socio d'affari ebreo di Otto, Hermann van Pels, sua moglie Auguste e il loro figlio Peter, e in novembre da Fritz Pfeffer.

Durante l'agitazione sociale dell'occupazione nazista, Anne Frank cercò di continuare la sua vita come al solito, ma sentì acutamente la discriminazione e l'isolamento imposti a se stessa e agli altri ebrei. Quando i genitori di Anne regalarono alla ragazza solitaria un diario per il suo tredicesimo compleanno, lei ne fu entusiasta e cominciò subito a scriverci.

Il diario, che chiamò Kitty, sarebbe diventato una delle memorie più toccanti della vita ebraica durante la seconda guerra mondiale nell'Europa occupata.

Per più di due anni, i rifugiati dell'annesso condivisero uno spazio ristretto e vissero sotto il costante timore di essere scoperti dai nazisti. Una libreria incernierata era tutto ciò che separava gli occupanti dell'annesso dal mondo esterno, ed era attraverso questa porta che Miep e Bep passavano cibo e notizie scarse alle otto persone.

Nonostante i disagi, cercavano di condurre una vita il più normale possibile. Per Anne, Margot e Peter questo significava studiare e fare i compiti. Durante gli anni della clandestinità Anne Frank si è trasformata da ragazzina in un'adolescente con una profondità e una complessità fuori dal comune, e il suo diario è diventato il suo migliore amico e confidente.

Anne Frank descrisse gli alti e bassi della vita quotidiana nella clandestinità e fu sincera sugli altri e insolitamente onesta sui cambiamenti in se stessa. Scrisse alcune annotazioni del suo diario in piccole storie, e riscrisse un'ampia parte del suo diario dal marzo all'agosto 1944 dopo aver appreso da una trasmissione della Radio Libera Olandese che il suo diario poteva essere di interesse storico per altri.

Le voci del diario ritraggono l'adolescente Anne come una ragazza intelligente e dallo spirito libero, con un forte interesse per i ragazzi e per il cinema, che rimane ottimista e osa sognare sogni affascinanti nonostante la sua straziante reclusione.

Con il progredire del 1944, gli occupanti dell'annesso divennero sempre più speranzosi che la sconfitta delle potenze dell'Asse fosse vicina, e sognavano di tornare a una vita normale. Ma il 4 agosto 1944, un poliziotto nazista e diversi collaboratori olandesi fecero irruzione nell'annesso dopo aver ricevuto una soffiata da un informatore. Gli abitanti dell'alloggio segreto furono arrestati e mandati a Westerbork; un mese dopo erano sull'ultimo trasporto che lasciava Westerbork per il campo di concentramento di Auschwitz in Polonia. La signora Frank morì di fame ad Auschwitz.

In ottobre Anne e Margot Frank vengono trasportate da Auschwitz al campo di concentramento di Bergen-Belsen, nel nord-ovest della Germania. Lì le due sorelle contraggono presto il tifo e muoiono a poche settimane di distanza l'una dall'altra nel marzo 1945, un mese prima che il campo venga liberato dalle truppe alleate. Otto Frank fu l'unico abitante della dependance a sopravvivere all'Olocausto.

I quaderni di Anne sono stati trovati sparsi sul pavimento del nascondiglio vuoto da Miep Gies e Bep Voskuijl dopo il raid. Miep conservò il diario nella speranza di restituirlo al suo proprietario, ma lo diede a Otto quando seppe che Anne era morta. Su suggerimento degli amici, Otto decise di pubblicare il diario di Anne e nel 1947 il diario - con il titolo Het Achterhuis (L'Alloggio segreto, il titolo scelto da Anne stessa) - fu pubblicato in Olanda. Alla fine il diario fu tradotto in più di 55 lingue (titolo in inglese: The Diary of a Young Girl) e divenne uno dei libri più letti al mondo.

La popolarità e la risonanza emotiva del diario di Anne Frank portarono persino a interpretazioni drammatiche degli eventi registrati nel diario. Una produzione teatrale di successo dell'opera vincitrice del premio Pulitzer, Il diario di Anna Frank, ha debuttato nel 1955, e un adattamento cinematografico dell'opera è uscito nel 1959.

Nel 1957, quando la demolizione dell'annesso segreto era imminente, alcuni importanti cittadini di Amsterdam hanno istituito la Fondazione Anna Frank per preservare l'annesso in Prinsengracht 263. La casa fu trasformata in un museo conosciuto come la Casa di Anna Frank.

Nel 50° anniversario della sua morte, Anne Frank è diventata oggetto di una rinnovata attenzione pubblica. L'Anne Frank Educational Trust ha avviato la realizzazione di un film per commemorare la sua vita e la sua morte. Il risultato fu il documentario Anne Frank Remembered (1995), premiato dall'Academy, che racconta la storia della famiglia Frank e presenta un ritratto tridimensionale di Anne attraverso interviste di amici e compagni di scuola di Anne Frank e filmati d'archivio mai visti prima.

Nel 1995 è stata pubblicata da Doubleday un'edizione definitiva del diario di Anne Frank, che includeva brani lasciati fuori dalla versione originale. Il continuo interesse del pubblico per la vita e la tragica morte di Anne Frank testimonia la sua duratura eredità di speranza e umanità di fronte alla paura e al male.

In evidenza

- Il 12 giugno 1942 Anne Frank, per intero Annelies Marie Frank, riceve per il suo tredicesimo compleanno un diario a quadri bianchi e rossi.
- Gli amici che hanno perquisito il nascondiglio dopo la cattura della famiglia hanno poi consegnato a Otto Frank i documenti lasciati dalla Gestapo.
- Tra questi trovò il diario di Anne, che fu pubblicato come Anne Frank: The Diary of a Young Girl (originariamente in olandese, 1947).
- Il Diario, che è stato tradotto in più di 65 lingue, è il diario più letto dell'Olocausto, e Anne è probabilmente la più conosciuta delle vittime dell'Olocausto.
- Il Diario è stato anche trasformato in un'opera teatrale che ha debuttato a Broadway nell'ottobre 1955, e nel 1956 ha vinto sia il Tony Award per la migliore opera teatrale che il Premio Pulitzer per il miglior dramma.

Domande di ricerca

---

1. Quali sono alcune donne ispiratrici che sono sottovalutate nella storia?

2. Nominare una donna che è stata coraggiosa e senza paura di fare ciò che pensava fosse giusto (perdonare il tempo attuale per la mancanza di giustizia)
3. Quali sono le qualità che fanno di qualcuno una donna cazzuta di questo mondo?

Il tuo regalo

Hai un libro nelle tue mani.

Non è un libro qualsiasi, è un libro della Student Press Books! Scriviamo di eroi neri, donne che danno potere, mitologia, filosofia, storia e altri argomenti interessanti!

Dato che hai comprato un libro, vogliamo che tu ne abbia un altro gratis.

Tutto ciò di cui hai bisogno è un indirizzo e-mail e la possibilità di iscriverti alla nostra newsletter (il che significa che puoi cancellarti in qualsiasi momento).

Allora, cosa stai aspettando? Iscriviti oggi e richiedi il tuo libro gratis all'istante! Tutto quello che devi fare è visitare il link qui sotto e inserire il tuo indirizzo e-mail. Ti verrà inviato il link per scaricare subito la versione PDF del libro in modo da poterlo leggere offline in qualsiasi momento.

E non preoccupatevi - non ci sono fregature o costi nascosti; solo un buon vecchio omaggio da parte nostra qui a Student Press Books.

Visita subito questo link e iscriviti per ricevere la tua copia gratuita di uno dei nostri libri!

Link: https://campsite.bio/studentpressbooks

Libri

I nostri libri sono disponibili in tutti i principali rivenditori di libri online. Guarda i nostri pacchetti di libri digitali qui: https://payhip.com/studentPressBooksIT

La serie di libri dedicata alla Storia dei Neri.

Benvenuti nella serie di libri dedicata alla storia dei neri. Imparate a conoscere quali sono i punti di riferimento nel panorama nero con queste ispiranti biografie di pionieri e pioniere dell'America, dell'Africa e dell'Europa. Sappiamo tutti che la Storia Nera è importante, ma purtroppo può essere difficile trovare dei buoni materiali da leggere.

Molti di noi hanno familiarità con i più noti protagonisti della cultura popolare e dei libri di storia, ma in questi volumi verranno presentati anche anche uomini e donne neri meno conosciuti di tutto il mondo, le cui storie meritano di essere raccontate. Questi libri biografici vi aiuteranno a capire meglio come le sofferenze e le azioni delle persone hanno plasmato i loro paesi e le loro comunità per le generazioni a venire.

Titoli disponibili:

1. 21 leader neri ispiratori: Le vite di importanti personaggi influenti del 20° secolo: Martin Luther King Jr., Malcolm X, Bob Marley e altri
2. 21 donne nere eccezionali: Storie di donne nere influenti del 20° secolo: Daisy Bates, Maya Angelou e altre

La serie di libri Empowerment Femminile.

Benvenuti alla serie di libri Empowerment femminile. Imparate a conoscere le impavide icone femminili dei tempi moderni con le ispiranti biografie delle pioniere di tutto il mondo. L'empowerment femminile è un argomento importante che merita più attenzione di quanta ne riceva. Per secoli alle donne è stato detto che il loro posto era in casa, ma molte di loro si sono rifiutate di crederlo.

Le donne sono ancora poco rappresentate nei libri di storia, le poche che vengono nominate nei libri di testo di solito tendono ad essere relegate in poche righe. Eppure, la storia è piena di storie di donne forti, intelligenti e indipendenti che hanno superato gli ostacoli e cambiato il corso degli eventi semplicemente perché volevano vivere la loro vita.

Questi libri biografici ti ispireranno insegnandoti anche preziose lezioni sulla perseveranza e il superamento delle avversità! Impara da questi esempi che tutto è possibile se ci si impegna!

Titoli disponibili:

1. 21 donne eccezionali: Le vite delle intrepidi donne che hanno combattuto per la libertà superando tutti i confini: Angela Davis, Marie Curie, Jane Goodall e altre
2. 21 donne ispiratrici: Le vite di donne coraggiose e influenti del 20° secolo: Kamala Harris, Madre Teresa e altre
3. 21 donne fantastiche: Le ispiranti vite di artiste femminili del 20° secolo: Madonna, Yayoi Kusama e altre
4. 21 donne fantastiche: Le vite influenti di audaci donne di scienza del 20° secolo

La serie di libri Leader Mondiali.

Benvenuti nella serie di libri sui leader mondiali. Scopri i protagonisti Reali e i presidenti del Regno Unito, degli Stati Uniti e di altri paesi. Grazie a queste biografie dei Reali, dei Presidenti e dei Capi di Stato, imparerai a conoscere meglio chi sono le persone che hanno avuto il coraggio di guidare una nazione, il tutto correlato da citazioni, curiosità e immagini.

La gente è affascinata dalla storia, dalla politica e da coloro che l'hanno plasmata. Questi libri presentano nuove prospettive sulla vita di tali personaggi importanti. Questa serie è perfetta per chiunque voglia saperne di più sui grandi leader del nostro mondo: giovani lettori ambiziosi e adulti che amano leggere di persone interessanti.

Titoli disponibili:

1. Gli 11 reali britannici: La biografia della famiglia Windsor: la regina Elisabetta II e il principe Filippo, Harry e Meghan e altri
2. I 46 presidenti americani: Le loro storie, imprese e lasciti: da George Washington a Joe Biden
3. I 46 presidenti americani: Le loro storie, imprese e lasciti - Edizione estesa

La serie di libri Mitologia accattivante.

Benvenuti nella serie di libri Mitologia accattivante. Scopri gli dèi e le dee dell'Egitto e della Grecia, le divinità nordiche e altre creature mitologiche.

Chi sono questi antichi dèi e dee? Cosa sappiamo di loro? Chi erano veramente? Perché la gente li adorava nell'antichità e da dove venivano?

Questi libri presentano nuove prospettive sugli antichi dèi che ispireranno i lettori a considerare il loro posto nella società e a conoscere la storia.

Questi libri di mitologia prendono in considerazione anche fattori influenti come la religione, la letteratura e l'arte in un formato accattivante con foto e illustrazioni suggestive.

Titoli disponibili:

1. Antico Egitto: Una guida alle divinità egizie misteriose: Amon-Ra, Osiride, Anubi, Horus e altre
2. Antica Grecia: Una guida agli dèi, dee, divinità, titani ed eroi greci classici: Zeus, Poseidone, Apollo e altri
3. Antichi racconti norreni: Scopri gli dèi, le dee e i giganti dei vichinghi: Odino, Loki, Thor, Freia e altri

La serie di libri Teoria Semplice.

Benvenuti alla serie di libri Teoria Semplice. Scopri la filosofia, le idee dei filosofi antichi e altre teorie interessanti. Questi libri presentano le biografie e le idee dei filosofi più noti di luoghi chiave come l'antica Grecia e la Cina.

La filosofia è una materia complessa e molte persone fanno fatica a capirne anche solo le basi. Questi libri sono progettati per aiutarti ad imparare di più sulla filosofia e sono unici grazie al loro approccio semplice. Capire a fondo la filosofia non è mai stato così facile o divertente come in questo caso. Inoltre, ogni volume include anche delle domande in modo che tu possa scavare più a fondo nei tuoi pensieri e nelle tue opinioni!

Titoli disponibili:

1. Filosofia greca: Le vite e le idee dei filosofi dell'antica Grecia: Socrate, Platone, Pitagora e altri
2. Etica e morale: Filosofia morale, bioetica, sfide mediche e filosofi correlati

La serie di libri Empowerment dei giovani imprenditori

Benvenuti alla serie di libri dedicati all'Empowerment dei Giovani Imprenditori. Non è mai troppo presto per i giovani ambiziosi per iniziare a far carriera! Che tu sia un giovane dalla mentalità imprenditoriale che sta cercando di costruire il proprio impero, o un aspirante imprenditore che sta iniziando a risalire la strada lunga e tortuosa, questi libri ti ispireranno con le storie di imprenditori di successo.

Scopri le loro vite, i loro fallimenti e successi che ti faranno venire voglia di prendere il controllo della tua vita invece di viverla passivamente!

Titoli disponibili:

1. 21 Imprenditori di successo: Le vite di importanti personaggi influenti del 20° secolo: Elon Musk, Steve Jobs e altri
2. 21 Imprenditori rivoluzionari: Le vite di incredibili uomini d'affari del 19° secolo: Henry Ford, Thomas Edison e altri

La serie di libri Storia facile.

Benvenuto nella serie di libri Storia facile. Esplora vari soggetti storici dall'età della pietra ai tempi moderni, più le idee e le persone influenti che hanno vissuto nel corso dei secoli.

Questi libri sono un ottimo modo per farvi appassionare alla storia. Le persone sono spesso scoraggiate da libri di testo pesanti e noiosi, ma amano le storie delle persone comuni che hanno fatto la differenza nel mondo. Questi volumi ti daranno l'opportunità di scoprire le loro storie imparando importanti informazioni storiche.

Titoli disponibili:

1. La prima guerra mondiale: La prima guerra mondiale, le sue grandi battaglie, le persone e le forze coinvolte
2. La Seconda Guerra Mondiale: La storia della seconda guerra mondiale, Hitler, Mussolini, Churchill e altri protagonisti coinvolti
3. L'Olocausto: I nazisti, l'ascesa dell'antisemitismo, la Notte dei cristalli e i campi di concentramento di Auschwitz e Bergen-Belsen
4. La rivoluzione francese: L'Ancien régime, Napoleone Bonaparte e le guerre rivoluzionarie francesi, napoleoniche e della Vandea

Conclusione

Speriamo davvero che la lettura di questo libro sia stata per te un'esperienza emozionante e stimolante. Siamo sicuri che le storie di Marie Curie e Anna Frank saranno una fonte di ispirazione nella tua vita!

Le 21 donne in questo volume sono veramente eccezionali. Tutte loro hanno affrontato le avversità e le hanno superate con forza, dignità, intelligenza, umorismo, qualsiasi cosa avessero a disposizione! Forse non farai le stesse loro esperienze in prima persona, ma le lezioni che ci insegnano sulla perseveranza dovrebbero ispirare anche te a lavorare costantemente per raggiungere i tuoi obiettivi.

Speriamo che ti sia piaciuto leggere queste biografie. Condividi la nostra collezione di libri con qualcuno che potrebbe avere bisogno di uno slancio di autostima o di coraggio oggi - forse ne hai bisogno proprio tu?

Rileggiti questo libro, così potrai trovare ogni volta nuova ispirazione!

Hai letto questa lettura educativa? Cosa ne pensi? Faccelo sapere con una bella recensione del libro!

Ci piacerebbe molto, quindi assicurati di scriverne una!

www.ingramcontent.com/pod-product-compliance
Ingram Content Group UK Ltd.
Pitfield, Milton Keynes, MK11 3LW, UK
UKHW022013190726
13853UKWH00005B/1908